人類百八十万年の【大日本皇統史】

人類最古の生活史と血脈を伝える
大日本国体天皇にして南朝１１１代主が語る超深奥の歴史！

南朝１１１代主
小野寺直

ヒカルランド

大日本皇統の「三種の神器」の一つ、「瑞八尺瓊勾玉（神璽）」。

神璽の頭部に刻まれている八放光紋。
シュメール文明の「アン」の神紋

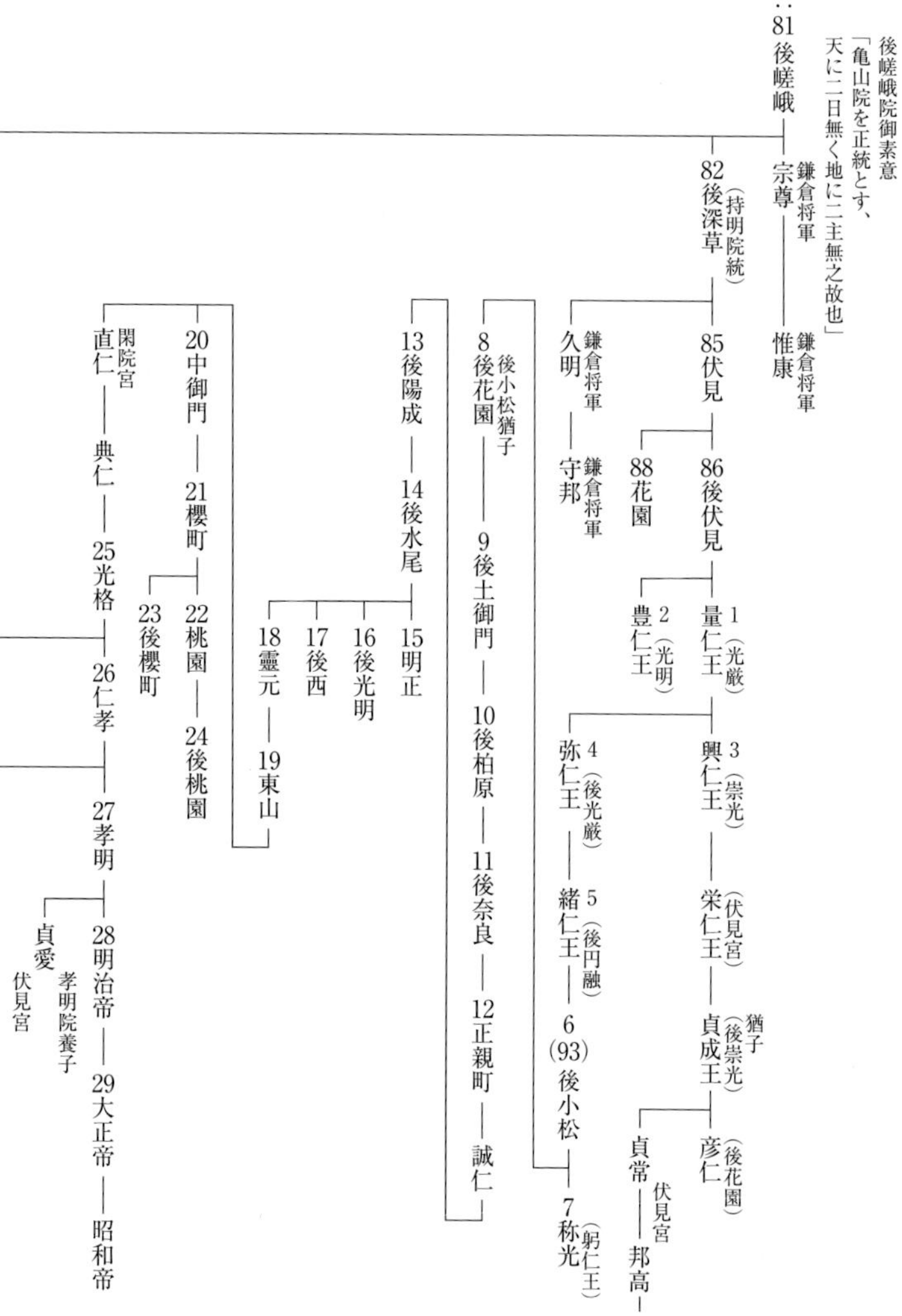

後嵯峨院御素意
「亀山院を正統とす、天に二日無く地に二主無之故也」
∴81後嵯峨
鎌倉将軍
宗尊
鎌倉将軍
惟康
82後深草（持明院統）
85伏見
鎌倉将軍
久明
鎌倉将軍
守邦
86後伏見
88花園
1量仁王（光厳）
2豊仁王（光明）
3興仁王（崇光）
4弥仁王（後光厳）
栄仁王（伏見宮）
5緒仁王（後円融）
猶子
貞成王（後崇光）
6（93）後小松
彦仁（後花園）
貞常
伏見宮
邦高
7称光（躬仁王）
後小松猶子
8後花園
9後土御門
10後柏原
11後奈良
12正親町
誠仁
13後陽成
14後水尾
15明正
16後光明
17後西
18霊元
19東山
20中御門
21櫻町
22桃園
23後櫻町
24後桃園
閑院宮
直仁
典仁
25光格
26仁孝
27孝明
28明治帝
29大正帝
昭和帝
貞愛
孝明院養子
伏見宮

【南朝天皇の系図】

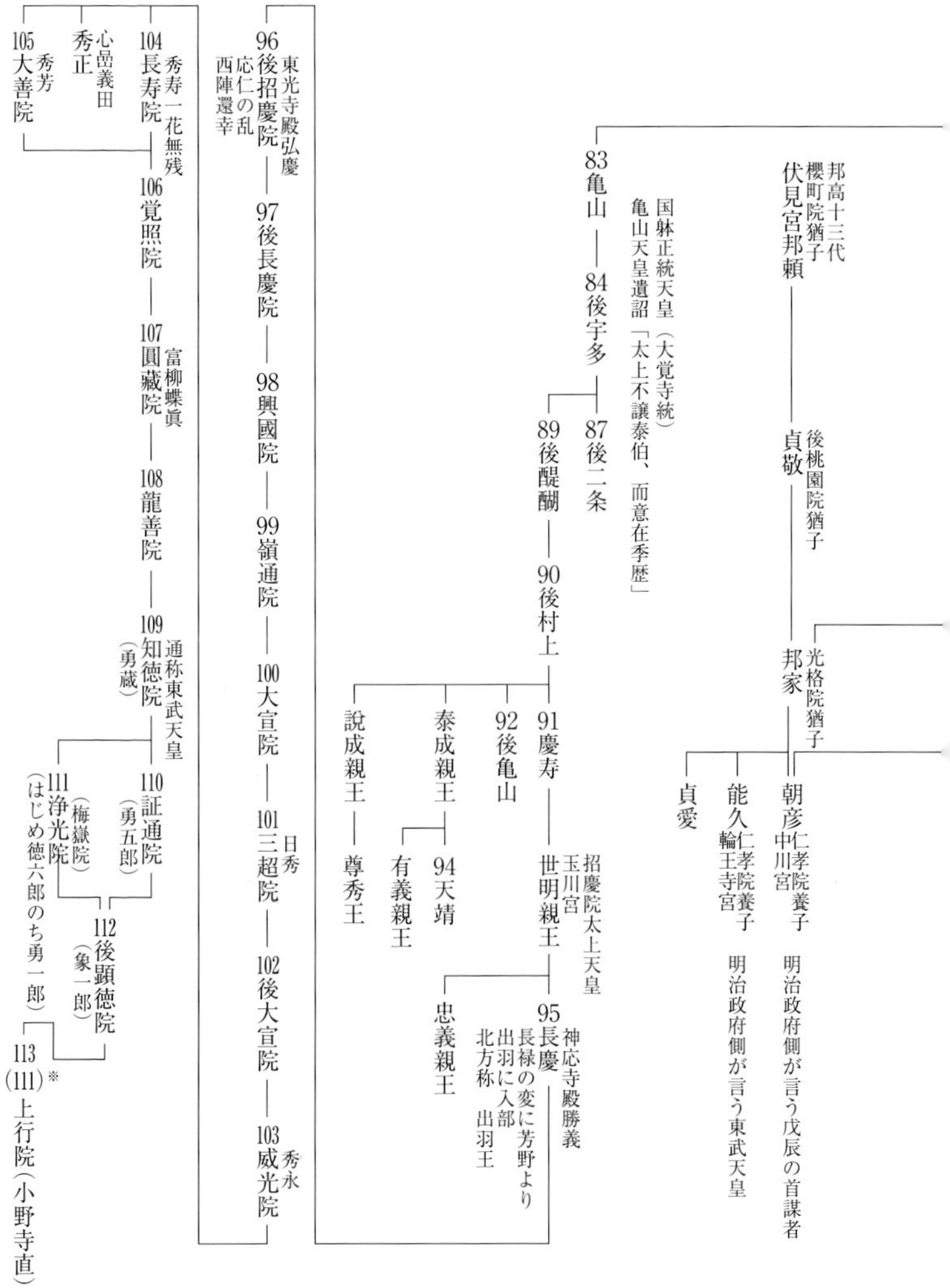

※嫡々では111代となる。

大日本皇統の「三種の神器」の一つ、「八咫御鏡」。

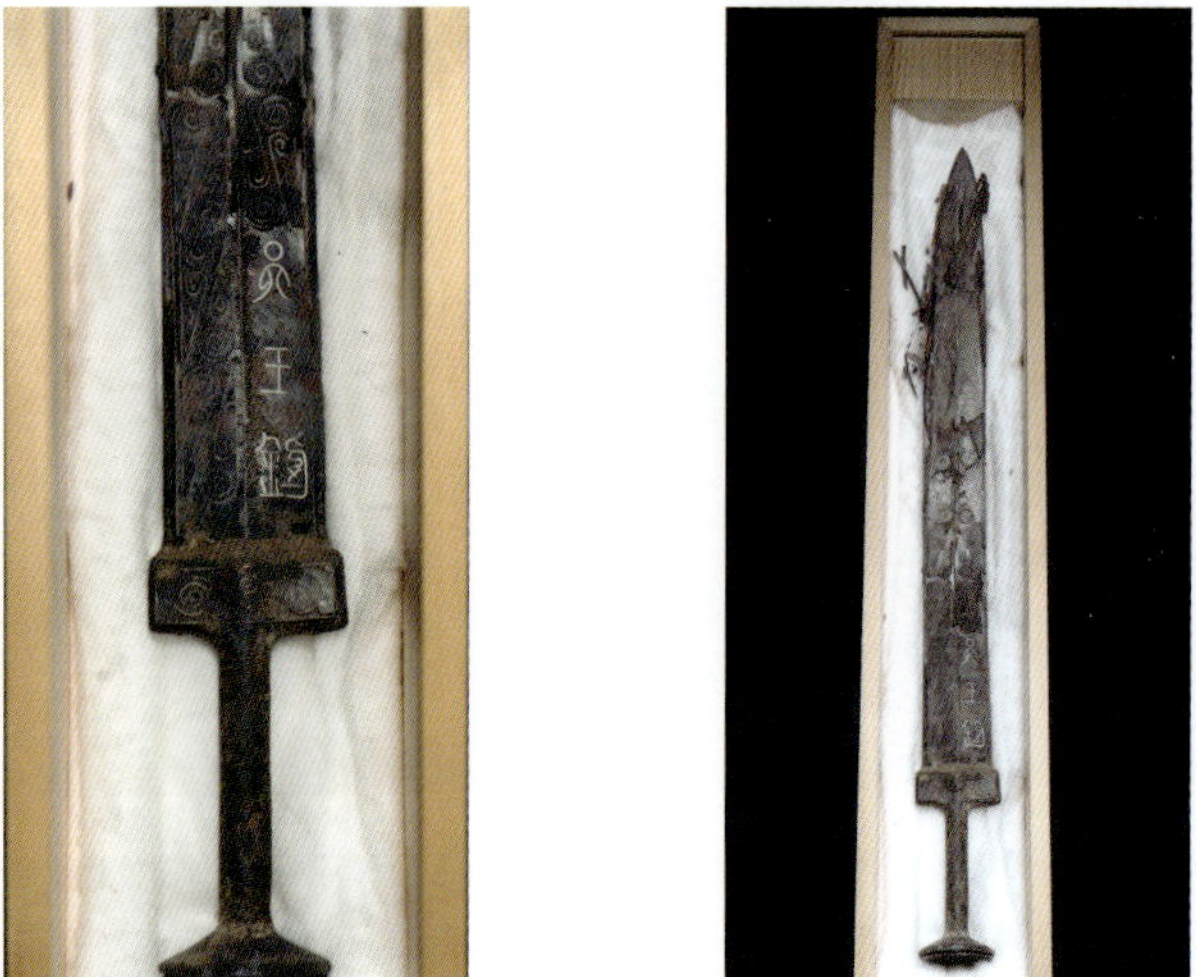

同じく「三種の神器」の一つ、「天王劔」。拡大写真（左）で劔に鋳られた「天王劔」の３文字が確認できる。

はじめに

「物事には、知ると知らざるとにかかわらず原因があり結果を生じさせる」

その結果に対する反省が正しい正しくないという問題にかかわらず歴史は繰り返されます。

その中で大日本皇統史は人類の生活史最古の百八十万年という永い歳月の生存の経過を神武天皇が四十五歳の時に一族を集めて話したということが『日本書紀』に留められています。その頃が現代人類の生活史の始まりであったことは、グルジア国ドマニシ遺跡の発掘調査で、人の遺伝子的研究が行われたことによって明らかとなりました。

人類という生物に知能の発達がなければ、現在生存する生物のうちで人類は最も自然的生存に適さない弱い生物と言えましょう。

自然的生存への希求が人類に思考を具《そな》えしめ、智慧や知識を生みなし、生物最強ともいうべき生存の形態を具象化せしめましたがその一方で、その思考はすべての生物の存在をも脅かすほどに進歩しつつあります。

人類の正しい生存とは、生命の本質・根本を正しく理解しなければ成立し得ません。

かつて大日本皇統は人類生存のために、人類の互助団結の礎を造り、人々が互いに協力し合い助け合って生きる場を「周＝集」と称し、畜産や農業生産を指南したため、「神農」氏とも呼ばれ永く人々から尊敬されてきました。その思考の熟慮が周《めぐる》という永い生存の繰り返しにおいて『妙法蓮華経』という人類生存の思想をうみなしたのです。

生命の根本・本因を「妙法」と覚《さと》り、「妙法」では一塵という少数を劫《こう》という大数で割って出た答えが「妙」という質量となります。その質量に自然的に具す波動をして「法」と称します。

「妙法」は一定則を保つゆえに「蓮」と連なって華《かたち》を造り、本因の妙法を死とも名付け、「霊」とも称します。「蓮華」状態を生存と呼んで、その繰り返しをして輪廻転生・過去・現在・未来とも表し、生命の永遠性を表しているのです。

波動環境により蓮華の体は変化するということを大日本皇統の先祖は理解しました。ゆえに皇統の始まりを大日靈貴《おおひるめのむち》となしたのであり、その魂魄《こんぱく》は「瑞八坂瓊《みずはやさかにの》曲玉《まがたま》＝神璽《しんじ》」に永遠にとどまるとされました。

大陸時代においては「大極」とも「天地の玉」とも称され、神農氏炎帝を表現する象徴の璽とされていたのです。

その人類最古の生活史と血脈を伝えているのが大日本国体天皇なのです。

神武天皇嫡々百十一代・上行院
中華人民共和国　国立四川大学名誉教授
小野寺　直

目次

第２章　小野寺氏は歴史の中でどう生き残ってきたか

第3章　近代以降も皇統の錯覚は続く

第4章　満州国は王佛冥合・五族協和の精神のもとに建国されるはずだった

カバーデザイン　吉原遠藤（デザイン軒）
校正　麦秋アートセンター
本文仮名書体　文麗仮名（キャップス）

第1章

大日本皇統の「三種の神器」が本物だと言える理由

大日本皇統は人類と自然との闘いの記憶を最も永く保持してきた

大日本皇統とは、人類と自然との闘いの記憶を最も永く保持してきました。具体的に言えば人類の自然との生存の戦いは約一八〇万年に及ぶのです。

その有史の前提は、『日本紀』の「神日本磐余彦天皇紀（神武）」の条に、天皇四五歳の砌《みぎり》、

「昔我が天神《あまつかみ》、高皇産靈尊《たかみむすびのみこと》、大日孁尊《おおひるめのみこと》、この豊葦原瑞穂國《とよあしはらのみつほのくに》を挙《のたまひあ》げて、我が天祖《あまつみおや》彦火瓊々杵尊《ひこほのににぎのみこと》に授けたまへり。是に、火瓊々杵尊《ほのににぎのみこと》、天関《あまのいはくら》を闢《ひきひら》き雲路《くもじ》を披《おしわ》け、仙蹕《みさきはらひ》駈ひて戻止《いた》ります。是の時に、運《よ》、鴻荒《あらき》に屬《あ》ひ、時、草昧《くらき》に鍾《あた》れり。故、蒙《くら》くして正《ただしきみち》を養《やしな》ひて、この西の偏《ほとり》を治《しら》す。皇祖皇考《みおや》、及神乃聖《かみひじり》にして、慶《よろこび》を積《つ》み暉《ひかり》を重ねて、多《さは》に年所《とし》を歴《へ》たり。天祖の降跡《あまくだ》りましてより以逮《このかた》、今に一百七十九萬二千四百七十餘歳」

177万年前のグルジア原人

上半身は樹上に適したチンパンジー

下半身は二足歩行の現代人に近い

約177万年前の原人の全身の姿をうかがわせる化石が西アジアのグルジアで発見された。上半身は樹上生活ができるチンパンジー、下半身は長旅も可能な現代人に近い特徴を持ち、人類の進化解明の手がかりになると注目される。グルジアや米国などの国際研究チームが20日付の英科学誌ネイチャーに発表した。

化石は、ドマニシ遺跡から出土した。ここからは02年に、現代人の半分程度という小さな頭骨が見つかった。人類の祖先は知能が発達した後の100万年前以降、アフリカからユーラシアに進出したという定説を覆した。だが、首から下は未発見で、原人の行動や生活様式は不明だった。

見つかったのは、青年期から成人とみられる計4体の化石。身長は147～166センチ、体重は40～50キロと推定されている。木に登りやすいよう、肩が前に突き出て長めの腕を持っていた。大腿骨は現代人と同じような形状に発達し、直立二足歩行ができたことをうかがわせた。研究チームは「原人の体はモザイク状」と驚いている。

国立科学博物館の馬場悠男・人類研究部長（人類形態進化学）は「遺跡からは動物の骨が多く発見され、狩猟生活をしていたと考えられてきた。ただ、狩猟には長距離移動できる二足歩行が必要で、それを裏付ける成果だ。当時の生活を再現する貴重な発見であり、上半身と下半身の進化の速度が異なっていたことも興味深い」と話す。【田中泰義】

ドマニシ遺跡から見つかった大腿骨＝グルジア国立博物館提供

2007年9月20日付読売新聞より

と示されています。

この「神日本磐余彦天皇紀」（神武天皇紀）に示す神武四十五歳の時（著者設定年号、西暦紀元前一二七年、明治設定は西暦紀元前六六〇年）を起点とし二千百三十八年を経て、現代学術は人類の出アフリカ大陸が一八〇万年前頃であった事実を証明しました（上の記事参照）。

もって「神日本磐余彦天皇紀」を土台として、永年主張してきた**「願いは遺伝子を変化させる」**ということや「古代人の遺伝子が現代人に一部、継承されている」ということも、西暦二〇一一年に至ってグルジア国ドマニシ遺跡の学術的調査によって証明されました。

この『日本紀』の「神代上」の書き出しに、

「古《いにしへ》に天地未《いま》だ剖《わか》れず陰陽不㆑分の時、渾沌《まろか》れること鶏子の如くして溟涬《ほのか》に牙《きざし》を含めり」

とあります。この文と同じ文句が中国の宋の李昉《りぼう》等が『日本紀』より二六四年後の、九八四年に撰上した『太平御覧』に「三五暦紀」の文として、

「天地渾沌、如㆓鶏子㆒、盤古在㆓其中㆒、萬八千歳」

とあるのです。

盤古《ばんこ》は中国では、国土のすべてを創った人と言われている伝説の人格者です。そして盤古は「神璽」すなわち「瑞八坂瓊曲玉」を陰陽の円に組み立て、それを「大極」と称し、すべての始めとしています。

この「神璽」は人類の有史以来、大日本皇統に代々伝えられ今日に至るのです。その生存の暦を物語る品が大日本皇統の「三種の神器」であり、今日に伝える大

日本皇統の「史」は、欽明天皇二年（五四〇）三月項記載の『帝王本紀』に、

「多く古き学有り撰び集むる人、しばしば遷《うつ》り易《か》はるを経たり、後人習い読む時、意を以て刊《けず》り改む。伝え写すことにすでに多にして舛《たが》いて遂に雑と致《な》す。前後次でを失ひて兄弟参差なり」

とあります。譜の次第は兄弟前後し呼び名も種々で混雑してしまいましたが、欽明とは譜を明らかに欽《のべる》との意です。

推古天皇二十八年（六二〇）に、

「天皇紀・国記・臣、連、伴造、国造百八十部並公民等の本紀を撰録」

とありますが、推古とは古きを推《さとる》の意であり、天皇記以下を撰録したことに因んでいます。しかし皇極四年（六四五）蘇我氏滅亡の時、その大部分を失ったと伝えています。

人皇第三十三代、天武天皇は、同十年（六八一）、その第三子舎人《とねり》親王を責任者として帝紀・旧辞を記定せしめました。それが元正天皇の養老四年（七二〇）に完成し、『日本紀』と名付けられました。

現在、この『日本紀』は奈良時代（七二〇～七三八年の間）書写の断簡の一部が現存し、弘安九年（一二八六）に卜部《うらべ》兼方《かねかた》の書写の『神代紀上・下』と永正十年（一五一三）、三条西実隆が書写し、卜部家本を卜部兼右《かねすけ》が享禄二年（一五二九）に書写した二十八巻本が現存しています。

しかし古本によってはかなりの異文があり、平安朝のある時期、紀の帝王紀の一部に再度編纂改修が行われた可能性も存在しています。

大日本皇統が率いる人々はのちに羌族と呼ばれた

『日本紀』に示す「この西の偏」とは、アフリカの大地を示し「以養レ正治《もってただしくやしないおさむる》」の治とは統治、すなわち人類の正しい指導者との意味です。

筆者は人類のこれ以前を人類祖形時代というのです。

「神日本磐余彦天皇紀」に示された一七九万二四七〇余歳の出アフリカ大陸の年

代は、グルジア国ドマニシ遺跡の検証により、現代学術で完全に認められた年代です。

人類の出アフリカ大陸のきっかけとして、今より三百万年ほど前に地球は寒冷期に入り、その後、幾度か寒暖の時を繰り返し現在に至ります。人類祖形がそれを意識しうる条件を整えたのは約二百万年前です。

この間を地質年代では第四紀と称し、第四紀最初の影響を受けて、人類祖形は遺伝子的進化を遂げ、現代の人類になったと捉えられています。

その代表が大日本皇統の太祖・火瓊々杵尊《ほのににぎのみこと》で、尊は陽の沈む大陸より陽の登る大陸へ、陽の不思議を解明せんと第一歩を踏み出しました。

それが、今から約一七九万五千年前で、その一党は西アジアを経て東アジアに到着し、東アジアの地に旧石器文化を創造します。さらに極東に進んでシノシベリア地方に繁栄し大集団となりました。

六十万年ほど前シノシベリアの大地は寒冷による乾燥によって砂漠化し、モンゴロイドの一部は南下し草原帯に至りました。この部族をのちに漢族と呼び、また同じ頃アルタイ地方のモンゴロイドの一部が同じ理由によりツンドラ帯を四方に移動しました。この部族がネアンデルタール人と呼ばれることになります。

人々の生活環境の変化は人々の遺伝子に変化を来します。六万年ほど前に地球は極端な寒冷期に突入し、氷河が発達、その最大容積は約七一〇〇万立方キロに達したと想定されます。

現在の地球上の氷河容積が二四〇〇万立方キロと推定されているので、その三倍以上であり、当然、寒冷化によって海水の蒸発は抑えられていました。それゆえに気候は乾燥し、シノシベリアの地に大きな砂漠地帯を成立させました。

その砂塵は西からの強風に乗って吹き荒れ、人々は砂塵から逃れるべく移動しました。その中で大日本皇統が率いる人々はトナカイを飼い、天山山地に入り、砂漠を避けながら移動したことによって、のちに羌族《こう》と呼ばれました（羌は羊を飼う人）。

大日本皇統はスメル文明の指導者だった

羌《こう》族はメソポタミアに至り、先住の民とともにスメル文明を築きましたが、そこで地球は急激に温暖化に反転します。氷河は急速に溶解して、人類生活の大地は度々洪水に見舞われました。

中央アジアでは西北に拡がるフェノスカンディア氷河及びそれを取り巻くツンドラ帯の永久凍土などが融解します。融氷水はアジアの低地帯を襲い、当時の人類の生活の地のほとんどを水没させました。

これを『孟子記』は、

「尭《ぎょう》の時代に太陽が十個誕生、大地を焼き尽くし翠《げ》が太陽を射落としことなきを得たが、そのために天下は大雨となり黄河流域や中国の大地が水没した」

と記しています。

現在の学術調査の範囲では、スメルの大地に留める大洪水の跡は、今から五五〇〇年ほど前の海面上昇によるものと、四八〇〇年ほど前のスメル初期王朝時代の気象異変による大洪水によるものです。

この大洪水は太陽活動の活発化による地球の急激な温暖化がもたらした現象であり、スメルの王権を持った人はこの大洪水から東方のチベットの山地に逃れました。そこで本格的に角のある動物を飼育し食料とすることによって子孫が繁栄します。

牧畜と農産の地を求めて甘粛《かんしゅく》・四川と廻り、揚子江に沿って湖北に至り、水資源の豊かな湖北の地に定着しました。この指導者神農氏をのちに炎帝とも称し、大日本皇統の先祖となりました。

この人々は角のある羊のような動物を飼育することで生活を立てていたことから、のちに羌族と呼ばれます。この羌族から天の形而下を踏まえる人格として、太昊伏羲《たいこうふくぎ》が誕生します。そして易の「上天八卦」を創りました。

『日本紀』では神話として、この伏羲やその妹という女媧《じょか》に当たる人格として、天神七代を経た伊弉諾《いざなぎ》・伊弉冉《いざなみ》の二尊とし、伊弉とは去来を意味すると述べています。

つまり、人類生存の大地がすべて水没するという一大事から、人類の遺伝子を絶やすことなく現在に伝えた人を大日本皇統では伊弉諾尊・伊弉冉尊の二尊とし、中国ではこの二尊を伏義・女媧と呼んだのです。『旧約聖書』では「ノアの箱舟」に乗ったノアとその子としています。

この神話の原点は一つで、伏義と女媧は瓢簞《ひょうたん》の舟で、ノアとその一族は箱舟で、伊弉諾と伊弉冉は天上の浮橋で、すなわち水上に浮いた長い丸太の舟であり、その物語のいずれもが、他の人々はすべて水没して死滅した旨を伝えています。

すなわち、大日本皇統とはスメル文明の指導者であり、

「天を観察し、天に随《したが》って生活する。その天を観て、天・人・地を真っ直ぐ貫く精神で、天の示す真実を曰《もう》すを業とす」

ゆえに、天皇ということです。

スメルの天神アンの魂魄「神璽」の正統祭祀者

生命という思いの心の拠り所が、スメル文明の天の支配者アンの魂魄《こんぱく》（魂）を具象化した「神璽《しんじ》」であり、これをもって表すところが大地の活力と万物の蘇りです。ノアや羲皇《ぎこう》をもって語られる如く、人類が自然との戦いで、かつて滅亡の危機に立たされたことへの反省をしたのです。

ここに人類は初めて具体的に自然を深く観察し、文明の礎を創作しました。人類生存の正しい道を開いた人格、その人格が諭《さと》されたその思いを「神」と捉え、それを具象化したものを「神璽」と称したのです。

大日本皇統は天文を観察し、大洪水時代に人々をチベット高原の草原地帯へ移動させ、天災より救済しました。そのなせる業《わざ》から中原では、その観察の態を太昊伏羲と呼び、また卓越したその能力から羲皇《ぎこう》と呼ばれたのです。

羲皇は風を起こし大洪水を発生させた雨雲を吹き払ったと伝えられ、「風氏」とも呼ばれています。中国の古代文明は三皇の第一、太昊伏羲に始まるといいますが、その伏羲の羲の字は太陽エネルギー波を表現した「神璽」を祀るの意《こころ》から生まれたのです。

伏羲を太昊と呼ぶ意味は、昊とは天を曰《もう》すで、スメルの天神アンの魂魄である「神璽」の正統祭祀者ということを表しています。

ゆえに、羲昊より十五世を経て子孫は「神農」と称し、その首長を炎帝と称するに至りました。炎帝の炎は「神璽」の八放光紋を表現したもので、神農と太陽エネルギーの用《はたらき》を示すところです。

また、昊も羌も音はコウで、これらは音通です。

伝説では、伏羲と女媧の兄弟は父が生け捕った雷神を助け、雷神からもらった一本の牙から生育した大きな瓢箪に潜り込みました。この瓢箪の厚皮は水が急激に引いた時クッションの役目を果たし、この兄妹だけが大洪水の引水の激突からも生き残りました。

他の人々は激突して皆死に絶えたと伝えられています。また伏羲は中華における易の太祖と讃えられています。

易とは、太陽エネルギー波を観察するの意で、伏羲の「先天八卦」は竜馬の背に現れたといわれています。八卦とは本来「神璽」の八放光紋を土台として生じたものです。

しかし、馬といい、葫蘆《ころ》（瓢箪）といい、中央アジア、または西アジアの産物であるにもかかわらず、中国の古い文献では伏羲は山東の支配者であると伝えています。

大日本皇統は中国の南北朝時代、東海姫氏と呼ばれた

『日本紀』成立以前の『梁書』や、唐の房玄齢《ぼうげんれい》（五七八～六四八）編の『晋書《しんじょ》』、唐の李延寿撰の『北史』等に、大日本皇統は「自謂太白之後《みずからたいはくのちという》」とあります。

これは、大日本皇統のスメル時代の立場を表現したものであり、《呉は暮》の音通、《太白は大神》の音通で、その意はユーラシア大陸の西方の大神、すなわち「アン」の祭主権者の正裔であることを意味します。

大日本皇統の太祖がアフリカ大陸を最初に統治し、そこから一七九万四千年ほど前にユーラシア大陸に移住したということは『日本紀』の「神日本磐余彦天皇《かむやまといわれひこ》紀」に示すところです。

その太祖を火瓊々杵尊と言い、神武天皇の説から逆にさかのぼって論ずると、次に伊弉諾（中国では羲皇と呼び、西欧ではノアと呼ぶ）、伊弉冉（中国では女媧と呼ばれる）を経て炎帝に至るまでの間が、一七八万三二六一年です。そして炎帝は八世、五二〇年を経て同族の小典の子が天下を治め、黄帝と号しました。すなわち、炎帝は、代々祭主を司り、大典と呼ばれました。黄帝の父は祭主炎帝に対する補佐、副祭主ゆえに小典と呼ばれたのです。ゆえに、黄帝は最初公孫氏と称されました。

黄帝から殷、そして周室中華と伝えてきた天《アン》の祭主権者、天皇とはその王道の正嫡としての「秘密神通之力」なのです。

黄帝の黄は鴻の音通として使われ、西暦紀元前四二〇七年に軒轅《けんえん》の丘に出生したと伝えられます。姫水《きすい》のほとりで成長し、成人したため姫を姓としたといいます。

姫の音は「キ」で、「貴」と音通で、その意は「とうとい」です。日本の当用音訓では「ヒ」と発声します。それは火瓊々杵尊の「火」でもあり、太陽の「日」でもあります。

そして火の連鎖が「炎」であり、炎は天《アン》の太陽エネルギー波を表すところです。また鴻が黄と改められたのは、太陽の軌道はすなわち、黄道ゆえに絶対者としての黄帝と呼ばれることになったからです。

そのため大日本皇統は中国の南北朝時代、梁《りょう》（五〇二〜五五六）人から「東海姫氏」と呼ばれています。すなわち周室ということです（姫氏は周王の姓）。

黄帝の正妃は西陵氏、すなわち第七代炎帝の娘の嫘祖《るいそ》で、子が玄囂《げんこう》（号青陽）と昌意《しょうい》です。昌意の子、高陽が黄帝の跡を継いで第二代の帝顓頊《せんぎょく》となり、第三代を玄囂の孫、高辛が継いで帝嚳《こく》と号しました。

帝嚳の正妃は陝西《せんせい》の邰《たい》の羌族の首長の娘・原で、原は弃《き》をもうけました。弃は成長して玄祖父・黄帝の姫姓を唯一受け継ぎ、后稷《こうしょく》と呼ばれて活躍します。『周礼』に、

「天帝を郊に祀り、配するに后稷をもってするは天子の礼なり」

とあります。

その規範のもとに五礼があり、そのうちの「吉礼」は祖廟をはじめ天地山川、日月風雨、そして先聖先師を祀るもので、ここに唯一神と祖先神との二元的組み合わせがみられます。これはみな、「神聖を保持するために敢えてタブーを進化させたもの」であり、また「凶礼」は人間の死と天災地変に対するものでした。これは、「不浄を清め、悪霊を追い払う（聖なる行為）を進化させたもの」と考えてよいでしょう。

周室が日本列島に至る前の大日本皇統

黄帝（紀元前二五一〇〜紀元前二四四八）が中国を統治した後、四人の帝と、夏《か》、殷、周、秦の始祖をはじめとする数多くの諸侯が現れました。彼らは黄帝の子孫だとされています。

その黄帝が即位する前に名乗っていたのが、姫水《きすい》のほとりに生まれたことにちなんだ「姫」姓でした。「姫」という姓は、黄帝の玄孫《げんそん》（孫の孫）である、邰王《たい》の弃《き》、のちの后稷《こうしょく》のみが継承することになります。この后稷の流れが周王朝なのです。

では、先に述べた武王から続く、周王朝の正統王権がどのように大日本皇統初代の神武天皇につながっているのでしょうか。

紀元前二五六年、周王朝三十七代の赧《たん》天王は、周の侯王であった秦の始皇帝に国を奪われてしまいます。赧天王の跡を継いだのは、東周の武公の孫である「武天王」でした。

武天王は秦に追われ、周の一族や家臣を従えて山東の地を経て、遼東半島から朝鮮半島へ入ります。しかし、朝鮮半島でも敗れてしまいました。そうなると、逃げるところは朝鮮半島南部の伽耶《かや》しかありません。

『日本書紀』には「武天王」の死後につけられた称号として「彦波瀲武鸕鶿草葺《ひこなぎさたけうかやふき》不合尊《あえずのみこと》」と記されています。しかしこの文字は誤りで、「彦波瀲武宇伽耶葺不合《ひこなぎさたけうかやふきあえずの》尊《みこと》」が正しいのです。

「彦波瀲武宇伽耶葺不合尊」という名前には意味があります。名前の頭の「彦」は日子です。黄道と呼ばれる太陽の一年間の軌道に則った人格であることを表します。

周王朝を中華といい、その「華」という文字で表されるのは、バランスの良い人格者という意味です。現在の中国で使用している「華」は卯氏の「夏」の意から取ったのです。

「彦波瀲武宇伽耶葺不合尊」の「波」は接続詞です。「傾く」の意味を含みます。「瀲」は「連なる」という意味で、「武」は名前です。「宇」は八紘一宇と同じく統一を表します。

「伽耶」は地名です。つまり「伽耶不合」は、「伽耶（加羅）の地を平定しようとしましたが、うまくいかなかった」という意味になります。

以上により、「彦波瀲武宇伽耶葺不合尊」とは、「周王の血脈を受けた武という人物だったが、伽耶の完全統一に成功しなかった」という意味だったことがわかります。

弃《き》から二十世の子孫の発（武天子）が中華王国の周王朝を建てました。この周室が、日本列島に至る以前の大日本皇統なのです。

東周の天王が造った劔が伝来し、三種の神器の一つになった

帝嚳《こく》から周に至る次第は、帝嚳の後は娵訾《しゅし》氏の娘が生んだ摯《しつ》が帝となり、その跡を陳鋒氏の娘が生んだ異腹の弟、放勲が立ち、帝尭《ぎょう》と称しました。

尭より族子で娘婿となった帝舜《しゅん》と継承し、舜から帝顓頊《せんぎょく》の孫、禹《う》へ継承して、禹は西暦紀元前二〇七〇年に夏王朝を興します。十四世、四七〇年にして桀《けつ》王の時、帝嚳の次妃・簡狄《かんてき》の生んだ契《せつ》の十四世の孫、湯《とう》と交代しました。

湯は西暦紀元前一六〇〇年商王朝を興し、十六世、五五〇年にして紂の時、黄帝の正嫡孫、帝嚳の正妃、有邰《ゆうたい》の羌氏原の生んだ邰王弃の二〇世の孫、発《はつ》と交代します。発は前一〇四六年即位して周王朝を建て武王と号します。そして武天子十二年（前一〇三三）、中原を統一しました。

つまり、炎帝から二〇六四年、帝禹から一〇二四年を経て周王朝が建国され、

周王朝は武王から幽王までが「天子」と呼ばれたのです。幽王の長子・東周の平王は自ら天王と号し、天王の劔を造り所持しました。この劔が象嵌《ぞうがん》紋様から天《あめの》叢雲劔《むらくものつるぎ》として日本に伝来し、三種の神器と呼ばれるものの一つになったのです。

このため、『日本紀』の神代巻に示される大日本皇統には、周の武天子が商の紂王《ちゅうおう》を討ち、天を祀るために行った儀式が多く伝えられています。

周の祖先、弃は子供の時から麻や菽《まめ》を植え農耕を好みました。夏の帝舜がこれを聞き、弃をして農師（農業長官）としました。これが后稷《こうしょく》と呼ばれた由縁です。すなわち、神農（農を示し申す）業であり、その子・不窋《ふちゅつ》は夏朝が農事をあまりに軽んじたので、農師をやめて戎狄《じゅうてき》の地に逃れます。弃の曾孫・公劉《こうりゅう》は戎狄の地において農耕に励みました。

その子・慶節は邠《ひん》（陝西省邠州三水県）に移り、農耕の地を拡大します。慶節より八代目の孫の古公亶父《ここうたんぽ》になって、農耕、飼畜の国家を建てました。

当然この豊かな国は薫育《くんい》＝昆夷《こんい》の羨望の地となって、攻撃目標ともなりました。古公亶父はあえて敵対せず、故国の邠を捨てて漆水・沮水を渡ります。梁山を越え、岐山《きさん》のふもとに定住します。

戎狄の習俗を捨て、城郭家屋を築営し、ここに周の国の礎を開きました。ここでいう薫育、昆夷とは、古イラン系大月氏部族連合の加盟部族を示します。

周族が夷族の間で共存し、植樹、飼畜、農耕をともに行っていた時は、薫育や昆夷と交流が成立したということです。漢代において崑崙山が漢民族の意識の上に登場してきた時、昆夷は、漢民族の方で勝手につけた名称であり「崑崙山《こんろんざん》の下の夷民族」という意味にほかなりません。

三種の神器の劔は天王劔で、周王朝の正統王権を証明するもの

「天王劔《てんのうのつるぎ》」はなぜ「天叢雲劔《あめのむらくものつるぎ》」や「草薙劔《くさなぎのつるぎ》」と呼ばれるようになったのでしょうか。実は『日本書紀』の説明とはまったく異なる理由がありました。

天叢雲劔の「叢《むらがる》」という漢字の意味は読み方の通りで、天叢雲劔には「天王

とは諸王を叢《むらが》らせしめる」という意味が込められていたのです。

また、「叢」は「くさむら」の意味もあります。その「草」とは「王にまつろわぬ民」の意味です。そして、草薙劔の「薙」とは「まつろわせる」という意味です。

つまり、「草を薙《なぎ》って従わせる＝従わない異民をはらい、薙ぎ倒して従わせる」という意味から、日本武尊所持の劔は「草薙劔」と呼ばれたのです。

日本武尊《ヤマトタケル》は天皇ではありません。天皇の劔を所持している理由が存在しないのです。

このように、日本皇統で三種の神器の一つとされる劔は、周の平王が造らせた「天王劔」であり、周王朝の正統王権をも証明するものです。

読者の中には天王劔は本当に天叢雲劔なのかと疑われる方もいるでしょう。私も「天叢雲劔が天王劔」であることを何とか証明したいと思いました。

そこでまず、東京大学東洋文化研究所・平勢隆郎《ひらせたかお》教授に依頼して、「天王劔」を調べていただきました。平勢教授の見解は、「劔の本体は中国春秋戦国時代の品と思われるが、『天王劒』の銘はあまりにも確然としており、比較すべき品がないので判断はできない」ということでした。

北京大学考古学系教授・楊根《ヤンゲン》博士にも見てもらいました。すると、「この劒は中国の歴史文化に重大な影響を及ぼすので、真実の鑑定文書を作成するのは不可能」との見解でした。

その後、玄祖父・大政天皇の墓所が所有者である筆者の許可なく暴かれ、「納骨器」が持ち出されてしまった件で、平成十五年（二〇〇三）に訴訟を起こすことになります。

その裁判で、自分の立場を証明するために「天王劒」が本物であることを証明する必要が出てきました。

中国の開放経済を推進した趙肖山先生は「訴訟に必要な範囲で証明するだけなら」との条件つきで、了承していただきました。

そこで、「天王劒」の写真を趙肖山氏から中国の呉邦國《ごほうこく》全国人民代表大会常務委員会委員長を通じて、中国・広東省博物館の林教授に見てもらいました。林教授は趙氏を通じて、参考意見として次の内容の書面を示してくれました。

「写真の『天王劔』（口絵参照）の形は中国春秋戦国時代のものだが、真品『先葉劔』（劔の形状から一般的にはこのように称する）は写真の『天王劔』よりも精妙・平滑であり、写真『天王劔』はやや粗造に見える。秦朝以降、中国王朝は類似の劔を鋳造したことはない。

劔に鋳《い》られた『天王劔』の三文字は春秋戦国時代の文字ではなく、秦統一後の小篆《しょうてん》だ。本品は日本の皇室が周王室に踏み入り、文字を写し取って造ったものだろう」

秦の始皇帝は天下を統一した後、文字の統一をはかるために新しい書体をつくりました。それが林教授が述べた「小篆《しょうてん》」です。

小篆は、西周の複雑な書体の大篆《だいてん》を簡略化したものです。「天王劔」は簡略化できるほど複雑な文字ではなく、また劔の形も変わっていません。林教授が「劔に鋳られた」と述べているのは象嵌です。象嵌とは素材を彫り、他の材料をはめ込んで模様を表す技法です。

秦は東周の平天王から周王朝の故郷・陝西省《せんせいしょう》の岐山《きさん》以西を与えられました。秦はそこから興った国なので、周と同じ文字を使用しました。

その結果、周文字と秦文字には多くの共通書体があったことがわかっています。ですから、私は林教授の「小篆である」との意見には同意できませんし、林教授自身も、「周王室に踏み入り」と述べています。

漢時代に入っても「天王劔」の文字の形は同じでした。先葉劔は秦朝以降は類似のものさえないと断定されているのですから「天王劔」の象嵌文字は、東周の春秋時代の文字であることは間違いないと考えています。

「本品は日本の皇室が周王室に踏み入り、文字を写し取って造ったもの」という見解には無理があるのではないでしょうか。なぜなら、その通りだとすると、「神武天皇の先祖となる人物が、西暦紀元前七五〇年に、周王朝の王室に誰かを踏み込ませた。そこで周王の証として厳重に保管されていた秘劔の文字と劔の形をこっそり写し取り、レプリカをつくった」ということになるからです。

そんなことを実行するのは不可能と思われます。そう考えると、北京大学・楊根博士の「この劔の真実の鑑定文書を作成するのは不可能」との見解が正しいでしょう。

鏡は周第二十四代景天王の時に造られた

皆さんもご存じの通り、三種の神器はまさに天皇権のシンボルであり、「神璽《しんじ》＝勾玉」「劔《つるぎ》＝剣」「鏡」の三つを指します（口絵参照）。

三種の神器の所持なくして、天皇の位につくことはできません。三種の神器を継承した者のみが天皇家における本家となり、持たざる者は分家ということになります。

また、本家であっても、三種の神器を失うと、継承者の資格を失ってしまいます。三種の神器の継承者は、日本では元首として国を代表する者となり、「国体」と呼ばれました。「国体」から委任され、「国体」の代わりに政治を行う体制が

神鏡を形代として「侯王金石如」の銘文が加えられたものが諸侯に与えられた（写真は岐阜県西濃大野町国史跡・野古墳群出土の神鏡の「侯王金石如」の部分。「いちご畑よ永遠に」より転載）。

「政体」ということになります。

国体の象徴としての神器は一点であることが望ましいはずです。というのも、王権の象徴が複数存在すると、子孫によって分割されて所持される可能性が発生することにもなり、王権に混乱をきたしてしまうからです。

そもそも、なぜ三種の神器は国体の象徴とされたのでしょうか。

「三種の神器」のうち、「神璽」は国権（母系）の象徴であり、胎児の形をしています。胎児の形は万物を生育させる太陽と月の関係を表しています。

神璽は正式には、「瑞八《みずはや》尺瓊勾玉《さかにのまがたま》」

と呼ばれ、それに「劔」を加え血統（父系）の象徴としたのです。「劔」は、周第十三代平天皇の命令をもって造られました。

天王劔で劔の刀身には雲紋と雷紋が象嵌されており、ゆえに、天叢雲劔《あめのむらくものつるぎ》と呼ばれます。また劔璽《けんじ》とも様々な名前で呼ばれています。

草薙劔という呼び方は節刀使の所持物で天皇の所持品ではありません。

次に、神璽に「鏡」が加えられたのです。鏡は周第二十四代景天王の時に造られ、八咫御鏡《やたのかがみ》、斎御鏡《いわいのかがみ》、神鏡、宝鏡とも呼ばれてきました。

鏡の前に立つと、自分の顔が映ります。天皇は鏡を見るたびに、父と母の血脈を受けた自分の顔を見るのです。のち神鏡を形代として「侯王金石如《こうおうきんせきのごとし》」の銘文が加えられ諸侯に与えられました。

周時代からの伝来の劔は二振りある

『日本書紀』の伝説では、「天叢雲劔」とは、スサノオが出雲国でヤマタノオロチ（八岐大蛇）を退治した際、大蛇の体内（尾）から見つかった神劔とされています。一方、日本武尊《ヤマトタケル》は駿河国で、敵の放った野火に囲まれ窮地に陥りますが、天叢雲劔で草を刈り払い、向かい火を点けて脱出したとされます。

その際に、ヤマトタケルが天叢雲劔を草薙劔と改名したとされていますが、南主皇に伝来した後醍醐天皇から伝わる劔には「天王劔」と銘が象嵌されています。「天叢雲劔」にはその名にふさわしく、雷紋や雲紋が象嵌《ぞうがん》で刻まれています。

周時代からの伝来の劔は、もう一振りあります。もう一振りの劔は天叢雲劔よりひとまわり小さく、「剣令王兒《けんとせしむおうのこ》子宗宮用《しそうぐうのもちいる》」（王の子の中の最も優れた子の剣とせしむる）と二列に分けて金象嵌の銘があります。これは我が国では「壷居劔《つぼいのつるぎ》」と称されるもので、皇太子が伝持する劔として、代々伝えられてきたものです。

国体（南朝）正統天皇に伝わる「天叢雲劔」と「壷居劔」を複数の研究者に見てもらったところ、製作年代はいずれも「周王朝、春秋前期」とのことです。

周王朝建国の武天子から三百年ほどを経た、西暦紀元前八〇〇年頃の周朝の一二代幽王《ゆうおう》の時、幽王は褒似《ほうじ》という名の妾を溺愛して皇太子の「宜臼《ぎきゆう》」を退かせます。そして褒似の息子である伯服《はくふく》を皇太子に立てました。

これに対して、幽王の失政に不満を抱いていた周の諸侯が、宜臼に加勢して、周は西と東に分裂し、西と東で戦います（春秋時代）。その結果、宜臼が勝利して王に即位します。「平王《へいおう》」の誕生です。

平王は王の証として、「天王劔」を造らせます。あわせて、王位継承者として皇太子の証拠となる「壷居劔」も造らせます。その劔に「検令王兒、子宗宮用」の象嵌文字を施したわけです。

平王以前の周王は「天子」と称していましたが、この平王は人として最初に「天王」を名乗りました。日本の「天皇」という称号の由来に関しては様々な説がありますが、この平王が天王と名乗ったことに由来します。

『日本書紀』の「太歳」を参照すれば天皇の正確な年齢がわかる

『日本書紀』が初めて編纂されたのは、養老四年（七二〇）です。時の流れの中で散逸《さんいつ》したことから、失われた分野を中世の中華から取り寄せた資料を活用しながら仕上げたものが現存する『日本書紀』ではないかと考えられます。

現存する『日本書紀』の神代の上下完本は弘安九年（一二八六）本です。ちなみに、『王代紀《おうだいき》』はそれ以降に書かれています。

神代とは「神（示して申す）」とあるように、昔からの言い伝えという形で、種々の説が伝えられてきたものでしょう。

そもそも『日本書紀』の原点は周の中華文明にさかのぼります。大陸に居住していた時代に日本皇統の太祖がつくった『周易』の中には、「王の百年」という思想があります。「皇帝は百代で交代する」という易姓革命論です。

これを日本の天皇に当てはめると、皇位の継承性が失われます。それでは不都合なので、その箇所は省かれました。

また、天皇の年齢に関する混乱が生じた原因もわかっています。『日本書紀』には天皇が生まれた時からの年代が記載されている部分もあれば、即位した時から記載されている箇所もあります。

神武天皇は実際七十歳代で亡くなっていますが、即位の時から数えた分を年齢に足してしまったので、百二十歳代と計算されてしまいました。

『旧約聖書』でも登場人物が「千歳まで生きた」などの記述がありますが、キリスト教文化ではそれが受け入れられています。しかし「神武天皇は百二十歳代まで生きた」に関しては、我が国では受け入れられない人たちが多くいるようです。

「天皇は長寿であればあるほどありがたい存在」という考えから、記録を長寿にしておけばいいという思いもあったのでしょう。

正確な天皇の年齢を知るには、『日本書紀』の各天皇の歴史を記述した箇所に必ず「太歳」と書かれたところがあるので、そこを参照します。「太歳」はその年の干支を記しており、実は周王朝で作られたものです。つまり、「太歳」を基準とすれば、各天皇の正確な年齢がわかるのです。

『日本書紀』の神武天皇紀に「余謂《われおも》ふに、彼の地は必ずもって大業《あまつひつぎ》を恢弘《ひらきの》べて天下に光宅《みちを》るに足りぬべし。蓋し六合《くに》の中心か（中略）何ぞ就《ゆ》きて都つくらざらむ（中略）ともうす。是年太歳甲寅」とあります。

この是年の太歳甲寅では後漢の頃から六十年を一周期とする紀年法が用いられています。三種の神器の周天王の劔から神武天皇を周天王の後裔とすれば、東周王朝の滅亡は西暦紀元前二四九年です。干支でいえば壬子《じんし》になります。

このようにどんな時代だったかを考えて太歳甲寅を考証すれば、西暦紀元前一二七年の甲寅の年が神武東征の年であり、それを明治政体府は西暦紀元前六六〇年の辛酉《しんゆう》を即位の歳としているのです。しかし私は神武即位を神武五十二歳の西暦紀元前一二〇年の辛酉と設定しています。

瑞八尺瓊勾玉は商の紂王に一度渡り、武王が回収した

『日本書紀』が成立する養老四年（七二〇）以前には、中華では日本に関してどのような記録があったのでしょうか。

まず、『日本書紀』成立の二百年ほど前になりますが、梁の宝誌和尚《ほうしわじょう》が『邪馬台之詩《やばたいのし》』を著しました。その中で、日本を「東海姫氏の国」と記しています。

この彦波瀲武宇伽耶葺不合尊（＝武天王）は、遼東の地から伽耶に逃げて、そのまま定住します。その後、秦は西暦紀元前二二一年に中国を統一したものの、西暦紀元前二〇六年に滅亡しました。秦に次いで、漢が中国の再統一を果たします。

漢が朝鮮半島へ攻めてくると、周の天子にとって漢は敵なのか、味方なのか、

よくわからなくなります。なぜならば周天王には姫姓を名乗る同族が存在していたからです。

また周天王に従って、朝鮮半島南部に来た種族がいました。それが周王の分族である「韓王」に従属してきた人々で、現在民として、「韓」と呼ばれている人たちです。

周王朝の末期には、周王の分族であった「韓王」の方が勢力が強大であったという背景がありました。韓王は周天王を奉戴して伽耶国に移ります。

「韓」と呼ばれた人たちは、戦乱の中で生き残ってきたので、相手を敵と考えて用心し、海を隔てた山島《やまと》と行き来しながら、山島（大和）列島へと目を向けることになりました。

しばらく伽耶と山島を行き来しながら、山島の様子を観察しました。すると大した敵もおらず、山島は半島より暮らしやすそうだとわかってきました。

しかし、それまで暮らしていた伽耶を簡単には捨てられません。武天王の種族は伽耶と山島を行き来しながら、少しずつ移住を始めました。

そうやって、**「天叢雲劔」と「壷居劔」を含む三種の神器は武天王から、その子の神日本磐余彦《かむやまといわれひこのみこと》尊に受け継がれた**のです。

神日本磐余彦尊は即位すると山島を平定し、始馭天下之天《はつくにしらすすめらみこと》皇と名乗りました。

この方が、山島列島の初代天皇である神武天皇です。

また、『日本書紀』成立の九十一年前に隋で成立した『梁書《りょうじょ》』には、「倭は自ら太伯《おおかみ》の後と云う」と書かれています。「倭人は自ら、おおかみの子孫を名乗っている」という意味です。

さらに、唐の張楚金《ちょうそきん》の書いた『魏略《ぎりゃく》』の逸文を引用して、「其の旧語に聞くに自謂太伯之後」としています。これは「(倭人に)昔の話を聞いたら、自ら太伯（泰伯）の後裔だと言った」と解釈されています。

張楚金はこの太伯を、大王と尊敬される周の古公亶父《ここうたんぽ》の長子・泰伯と捉えたようです。しかし、これは読み方が間違っています。

「自謂太伯之後」とは、「自《みずか》ら謂（言）う、『大神《おおかみ》の後《のち》』」と読むのが正しいのです。

「太伯」とは正しくはスメル語で「アン・ディンギル」と呼ばれる太陽神のことです。すなわち「天照大日孁貴《あまてらすおおひるめ》」（天照大神）であり、「天照大日孁貴の末裔だと言った」ということなのです。

周天子もその子孫ですが「古公の長子、太伯（泰伯）の子孫」と述べているものの、これは誤りです。なぜ誤りかというと、周の太伯は泰伯であって王位を継承していないからです。

亶父には長男・泰伯、次男・虞仲《ぐちゅう》、三男・季歴《きれき》と三人の息子がいました。三男の季歴は殷王から嫁を迎え、殷の血筋の孫の「昌《しょう》」が生まれました。季歴の息子である昌に跡を継がせれば、殷王の近い親戚になるので周も安泰だと考えたのでしょう。

これを聞いた長男の泰伯と次男の虞仲は、季歴に跡を継がせるために、相続権を棄てることにし、蘇州（今の江蘇省）に移りました。

亶父の継承者は季歴であり、昌（のちの文王）へと続き、昌の息子が周王朝初代の武王となったのです。それを証明する品が、国体（南朝）正統天皇に伝えられています。武王から約三千年の時を経て継承されているわけです。

それこそが文王（昌）の息子・武王が所持していた「武符《ぶふ》」と「瑞八尺瓊勾玉＝神璽」です。**瑞八尺瓊勾玉は、商の紂王《ちゅうおう》に一度渡り、「天地の玉」といわれていましたが、それを武王が回収した**のです。

武符については、中華故宮遺品鑑定の権威とされた王博士の息子である同済大学・王海彪教授（米国スタンフォード大学材料研究センター）が、これは毛髪をもって穴を削り取った品であるとし、周の武王の遺品であることは疑いを入れないと述べています。中世の日本の学者には泰伯をして日本天皇の祖と捉えた人もいるようです。

八弁放光紋を刻み留めているために「神璽」と呼ばれる

国体（南朝）正統天皇が所有する三種の神器の一つが、「瑞八尺瓊勾玉《みずはやさかにのまがたま》」です。『日本書紀』には「瑞八坂瓊の曲玉」という記述が一ヶ所出てきます。歴史学者は瑞八瓊勾玉を「首飾りである」と捉えています。

「瑞八尺瓊勾玉」は国権（母系）の象徴であり、陰と陽、万物を生育させる太陽と月、母親と胎児を表しており、二つで一組で中国では「大極」、我が国では「神璽」とも呼ばれます。

では「瑞八尺瓊勾玉」にはどんな由来があるのでしょうか。

中国に、三国時代（二二〇～二八〇）、呉の徐整《じょせい》が記したとされる『三五暦記』があります。そこには、天地開闢《かいびゃく》の時に、「盤古《ばんこ》」が誕生したという話が出てきます。

盤古とは古代中国で地球開闢の創世神とされています。『三五暦記』には人類の歴史について「万六千年云々」と記載されています。盤古の崇拝する品として登場するのが「神璽」です。

スメル族は、やがて周（中華）と大月氏《おおげつし》に分かれ、スメル文明の主権者が東方に至って周と称します。現地に残った人々は月の出る方位に残ったことから、月氏と呼ばれました。「神璽」は、中華と月氏が分派する以前に作られた品です。

瑞八尺瓊勾玉には、「八弁放光紋」が刻まれています（口絵参照）。この八弁放光紋は、スメル語で「アン・ディンギル」と呼ばれる生命を司る太陽神の象徴です。この八弁放光紋を刻み留めているため、「神璽」と呼ばれるのです。

生命を育む色である緑の宝石を「胎児形」にし、胎形の頭部に、アン・ディンギルの象徴である八弁放光紋が刻まれています。つまり、**生命の成立の起源を表し、人類の世が栄えるための普遍的シンボルとした**わけです。

これこそ、「全世界の生命の救世主」という象徴的意味合いを持ちますが、権力的意味を含むわけではありません。ついでにいえば、ユダヤの「ダビデの星」

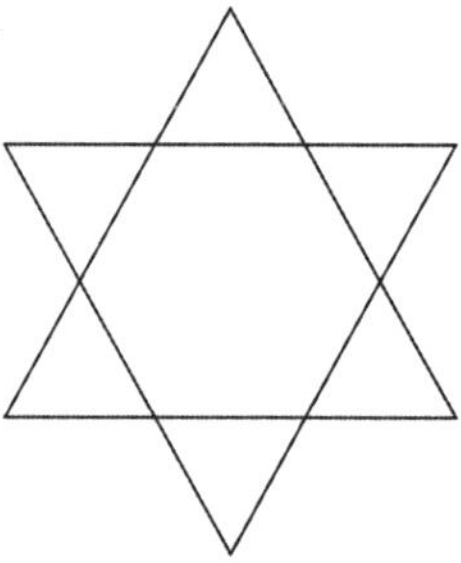

六弁放光星紋

十六弁菊花紋

を示す六弁放光星紋は「八弁放光紋」の変形です。

「三種の神器」は日本では皇統の神宝とされてきたため、見た人はいませんでした。神璽とは「見てはならないもの」だったからです。

ところが、政体府（北朝）の持明院統に「神璽」が渡るという事件が起きてしまいます。そこで実際に目にする機会を得たのが国体府（南朝）の後醍醐天皇でした。

そこで後醍醐天皇は、天皇の紋《しるし》として、初めて十六弁放光を使うことにしたのです。「瑞八尺瓊勾玉」の表裏に刻まれた二個の八弁放光紋を組み合わせて、後醍醐天皇が十六弁としたと伝わります。

つまり、**天皇の象徴とはもともと十六弁放光紋だったのです。政体方では事情**

を知らず後鳥羽天皇が菊花を愛しすべてに菊紋を取り入れたため、それを勘違いして「十六弁菊花紋」と呼んだのです。

『日本書紀』に記された「傷」が、南主が奉祀する「八咫御鏡」にある

「神璽＝瑞八尺瓊勾玉」は国権（母系）の象徴であり、胎児、太陽と月の関係を表しています。一方、「劔＝天王劔」は血統（父系）の象徴です。

この神璽と劔の意味を調和させる目的で、「鏡＝八咫鏡」が加えられて、「三種の神器」となりました。

『日本書紀』には、日本を治めるための三つのルールについての命令が伝えられています。天孫降臨の時に天照大神が孫の瓊瓊杵尊《ににぎのみこと》らに与えた三大神勅《しんちょく》（神の与えた命令）です。

一つめは、「秋になると稲穂が良く育つ葦原の国は、私より続く皇孫《すめみま》が統治し

なさい」（宝祚《ほうそ》無窮《むきゅう》神勅）です。

二つめは、「直系の代々の天皇に、神聖な稲穂を作る田んぼでできた穂を与えるので、地上で育て、主食とさせて国民を養いなさい」（斎庭《ゆにわ》の稲穂の神勅）でした。

三つめは、「八咫鏡」について述べられています。「この鏡（八咫鏡）を私（天照大神）の御魂と思って大切に祀りなさい。またいつも同じ床、同じ屋根の下に必ず置いてしっかり祀りなさい」（同床共殿《どうしょうきょうでん》の神勅）です。

しかし第十代崇神《すじん》天皇の時に、八咫鏡と天王劔は宮中から移され、のち伊勢神宮より宮中に戻したのが、後醍醐天皇です。

その後、「明徳の和約」（一三九二）の時、「神璽」は一時、政体府（北朝）の持明院統に移りました。しかし、「嘉吉《かきつ》の変」（一四四一）によって国体府（南朝）の正統皇に戻って以来、今日まで国体府（南朝）正統天皇に三種の神器として継承されてきました。

筆者が所持するのは後醍醐天皇から継承した三種の神器であり、そのうちの

「八咫御鏡」に関して述べてみましょう。保管している箱には「神璽」という文字が書かれています。

この八咫御鏡の背には、「これを受け継ぐ者は、王として子孫、家族に恵まれ、永遠に栄える」を表す文字の銘文が刻まれています。

具体的に見てみましょう。

青蓋伯竟大毌傷（天を蓋《おお》う　神のつくれる　優れた竟《かがみ》　傷なく）
巧工刻之成文章（巧みに巧みに　これに文と文を刻み飾りなす）
左龍右寅辟不羊（左龍右虎　天子の祥《きざし》　いならざるを　のぞきさる）
朱雀玄武順陰陽（朱雀《すざく》　玄武《げんぶ》　陰陽に順《したが》い）
子孫備具居中央（てんしの子孫すべてを具《つぶさ》に備え、中央にすまい）
長保二親楽富昌（長く二親を保ち　富楽しむこと　まさに）
寿敝乎（久しく　敝《やぶ》れる　ことなし）

この八咫御鏡には表に古い小さな傷が一ヶ所あります。これを裏づける記述が、なんと『日本書紀』にあるのです。

『日本書紀』の「神代上」に、

「ここに日神《ひのかみ》、方《まさ》に磐戸《いはと》を開けて出でます。
是の時に、鏡を以て其の石窟《いはや》に入れしかば、戸に触れて小瑕《こきず》つけり。
その瑕、今に猶存《うせず》。
此即《これすなわ》ち伊勢に崇秘《いつきまつ》る大神なり」

とあります。

つまり、「日神（天照大神）は、磐戸を開けて出てこられた。この時、鏡をその石窟の扉に差し入れたので、石戸に触れて小さな傷をつけた。その傷は今も残っている。これが伊勢におられる大神である」と書かれているのです。

『日本書紀』に書かれている通りの古い傷が、代々南主が奉祀してきた「八咫御鏡」の表にあることを皆さんはどう思われるでしょうか。この「八咫御鏡」がまさに本物であることの証明と言ってもいいのではないでしょうか。

仁徳天皇即位の実際の歴史

この八咫御鏡は同心円を基本とした径十八・五センチで、中心に九つの乳《ち》を数え、その外側に七つの乳があります（口絵参照）。乳というのはイボ状の突起のことです。

その七つの乳の間に「龍」「天録《てんろく》」「朱雀《すざく》」「寅」「辟邪《へきじゃ》」「玄武《げんぶ》」「拳竜氏《かんりようし》」の文様が刻まれています。

「朱雀」は古代中国の四神の一つで、南方の守護神です。「玄武」も四神の一つで、北方の守護神です。

「拳竜氏」は龍を養い、育てることができる一族を指します。「青蓋《てんをおおう》」の文字の横には「玄武」の文様が刻まれています。

このようなデザインの鏡は通称、獣帯鏡《じゅうたいきょう》と呼ばれます。ちなみに、この八咫御鏡と同形の鏡が仁徳陵から出土しています。

仁徳陵の鏡には、鏡の背に刻まれた銘文が四十五文字あるそうです。最後の「寿敝乎（久しく敝《やぶ》れることなし）」の敝と乎の二文字の間に、「侯王金石如」の文字が加わっているそうです。

この「侯王」とは、中国の周の時代に始まった身分のことです。周室の大王（天子・大王）の分族、あるいはそれに準じた者が「侯王」と呼ばれました。中央主権者に仕える主権者という意味です。

「金石如」は固く結ばれた、という意味です。『日本書紀』では仁徳天皇が即位するまでを次のように語っています。

「応神天皇が亡くなり、その皇位継承者は菟道稚郎子皇子《うぢのわきいらつこのみこ》だった。皇子には異母兄弟の大鷦鷯尊《おおさざきのみこと》がいた。太子（菟道稚郎子皇子）は即位せず、大鷦鷯尊と互いに皇位を譲り合い、空白の時間が生まれた。その間に、異母兄弟の大山守皇子が皇位をめぐって太子暗殺を企て、争いを起こしたこともあり、皇子はこのまま空位では天下の煩《わずら》いになると思い悩み、皇位を譲るため、自殺した。こうして大鶴鷯尊は即位して、のちの仁徳天皇となった」（要約）

しかし実際にはそんな生やさしい時代ではありませんでした。仁徳天皇が即位するまでには実際には次のようなことが起きていました。

まず、大鶴鷯尊（仁徳天皇）の母は漢半島の女性でした。菟道稚郎子皇子（宇治天皇）の母は山島（大和）列島で大和の奈良盆地北部に勢力を持った中央豪族・和珥《わに》氏の娘、宮主宅媛《みやぬしのやかひめ》でした。

当時は伽耶と山島列島の人々が頻繁に行き来していた時代です。菟道稚郎子皇子の異母兄弟の大鶴鷯尊は漢半島から優れた武器を取り入れて、武装しました。その結果、宇治天皇（菟道稚郎子皇子）方が負けてしまいます。

追われる身となった宇治天皇の子孫は越前（福井県）に逃げ、その子孫がのちに第二十六代、継体《けいたい》天皇となるのです。

神器は皇統の身分を証明するために継承され応神天皇が所持し、それを宇治天皇が継承しました。

だからこそ、異母兄弟であった仁徳天皇が所持していた鏡には「侯王金石如」と刻まれていたのでしょう。これは、「宇治天皇を永く補佐せよ」という意味であり、それは父・応神天皇による命令だったのでしょう。

東京大学の平勢隆郎教授によれば、仁徳陵から出土した鏡は同形といっても、正確には私の所持する八咫御鏡とは少しだけ違いがあるとのことです。

なお仁徳陵から出土した鏡は、現在はアメリカのボストン美術館に収蔵されています。その鏡の拓本（刻まれた文字や模様に紙を当てて写し取ったもの）が、東京大学東洋文化研究所に保管されていると聞いています。

第2章

小野寺氏は歴史の中でどう生き残ってきたか

承久の乱と梅松論

承久三年（一二二一）、鎌倉幕府と対立していた後鳥羽上皇が挙兵した「承久《じようきゆう》の乱」が起こります。しかし、幕府に鎮圧され、後鳥羽上皇は隠岐《おき》に遷座《せんざ》され、同時に朝廷方の公卿・武士の所領は没収されました。

南北朝時代を描いた軍記物語である『梅松論』によれば、亀山天皇はこの後で後鳥羽上皇の意思を継ぐと期待されるほどの人格者でした。一方、兄の後深草院の系統は皇位を継承するのにふさわしい人物ではありませんでした。

しかし亀山天皇は兄である後深草院に気を遣い、後深草院の皇子、熙仁《ひろひと》親王を皇太子に立てます。

熙仁親王は大変な策士で、鎌倉幕府に、亀山天皇の悪口を延々と訴えるようになっていきます。そこで、大覚寺統の後二條院の御代に鎌倉幕府執権の北條氏が皇位継承に関し、次のように決めます。

「持明院統（後深草院系）と大覚寺統（亀山院系）の両方の子孫の間で、十年をめどに交互に皇位を継承し、院政を行う」と裁定し、一時皇位は迭立《てつりつ》（交互）となったのです。

足利尊氏の家臣が書いたといわれる『梅松論』（現在室町期の古写「京都大学藏」・『群書類従巻第三百七十一所収』）に、次のようにあります。


爰《ここ》に後嵯峨院寛元元年（一二四三）中に崩壊（譲位の誤り）の刻、遺勅に宣く。一の御子（後深草院）御即位有べし。おりゐ（退位）の、以後は長講領百八十ヶ所を御領として御子孫永く在（天皇）位の望を止めらるべし。次に二の御子（亀山院）御即位ありて御時世は塁代敢えて断絶あるべからず。

子細（後鳥羽天皇の意思）有によってなりと御遺命あり。

之ニ依テ後深草院ノ御時世。宝治元年（一二四七）より正元元年（一二五九）に至る迄なり。

次に亀山院の御子、後宇多御在位。建治元年（一二七五）より弘安十年（一二八七）に至る迄也。

後嵯峨院ノ崩御以降、三代（後深草院・亀山院・後宇多院）は御譲に任せて御時世相違なき所に。

御深草の院の御子、伏見の院は一の御子（後深草院）の御子孫なるに（祖父の遺命では皇位に就いてはならない人物）御即位有て正応元年（一二八八）より永仁六年（一二九八）に至る。

此の二代（伏見院・後伏見院）は関東（武家）のはからひ（計）、よこしま（邪）なる沙汰なり。

然ル間。二の御子ノ亀山院の御子孫鬱憤有に依ってまた其理に任せて後宇多院ノ御子後二條院御座在位あり。乾元元年（一三〇二）より徳治二年（一三〇七）に至る。

又此ノ君、非（祖父亀山院の遺詔《いしょう》「太王を泰伯《たいはく》（長男）に譲らず、しこうして意、季歴《きれき》（三男）にあり」に背く）義有。

後伏見院の御弟ノ萩原新（花園）院御在位あり。

延慶元年（一三〇八）より文保二年（一三一八）

亦御理運（後嵯峨天皇の遺誡）に帰り、後宇多院の二の御子、後醍醐天皇御在あり。

元応元年（一三一九）より元徳三年（一三三一）に到る。

此ノ如ク後嵯峨院の御遺勅（誡）に相違して御即位（伏見・後伏見・花園の政体の即位を示す）転変せし事併関東（鎌倉幕府）の無道（あってはならないこと）なる沙汰に及びしよりいかでか天命に背かざるべきかと遠慮ある人々の耳目を驚かさぬはなかりけり。仰（なぜそうなったかというと）一の御子（後深草院）の御子、伏見院御在位のころ関東（鎌倉幕府）へ潜《ひそか》に連々《つぎつぎ》仰せられていはく。亀山院（国体）の御子孫、御在位連続あらば御時世の威勢を以のゆへに諸国の武家、君（国体天皇）擁護し奉らば関東（鎌倉幕府）遂にあやうからむ（滅ぼされてしまう）ものなり。（中略）

一の御子、後深草院の御子孫（伏見院）にを《お》いては天下のためにとて元より関東（鎌倉幕府）の安寧を思召《おぼしめし》候《そうろう》所《ところ》なりと仰下されけるほどに之依《これにより》テ関東（鎌倉幕府）より君（亀山院）をうらみ奉る間。

　御在位の事にをいては、

一の御子後深草院

二の御子亀山院の両御子孫十年を限に打替、打替御時世（即位）あるべきよしはからひ申間、後醍醐院の御時、当今の勅使には吉田大納言定房《さだふさ》卿持明院の御使には日野中納言の二男の卿京都・鎌倉の往復再三にをよぶ。

勅（国体天皇）使と院（政体持明院）の御使と両人関東（鎌倉幕府）にをいて問答事多しといえども定房仰申されけるは既に後嵯峨院の御遺勅に任せて。

一の御子、後深草院の御子孫長講堂領を以テ今に御官領有るうへは。

二の御子、亀山院の御子孫は塁代（皇位）そういあるべからず所に。

関東（鎌倉幕府）の沙汰として度々に及で（後嵯峨天皇の遺詔に背いて）転

変更に其期を得ず。

当（亀山天皇）御子孫御在位の常に頻《しき》りに篇《もうす》（申）に絶す。（中略）二（亀山天皇）の御子の御子孫、後醍醐院御禅を受給ひて元応元年（一三一九）より元徳三年（一三三一）に到る御在位の間。今にをいては後嵯峨院の御遺勅治定（通り）之処に元徳二年（一三三〇）に持明院の御子（量仁《かずひと》＝光厳）立坊の義なり。以テの外の次第也

この三十一年が迭立時代です。

これ以降は大覚寺統を国体と称し、持明院統を政体と称すべきで、本来政体の人は天皇と称される立場ではないゆえに、天皇の並立ではありません。

村上天皇の裔で、明治教育では国体側の大忠臣と称されている北畠准后親房のなみはずれた有識《ゆうそく》故実《こじつ》の知識があったため、吉野方に参戦した武家の任官に対して先祖にその官位に任じられた者なしとして任官を拒否してしまいます。そのために、新興の武家は尊氏方に与し、国体の政治を滅亡させたのです。

自天皇は三種の神器を持っていたので、逃げねばならなかった

国体の後亀山天皇と政体の後小松の間で元中九年（一三九二）迭立の条件で一時和睦が行われました。しかし後小松側は最初から約束を守る意思なく、詐欺にて国体を騙して「神璽」を奪ったので、正統な「神璽」の継承とは言えません。

後亀山天皇が崩御した応永三十一年（一四二四）四月十二日より皇位は嘉吉三年（一四四三）九月二十三日までの約十九年間は空位でした。ここに国体は「神璽」を回収し、高福院天靖天皇が即位し、以降「三種の神器」は代々国体に伝持されてきたのです。

明治維新の原点となった思想は、後醍醐天皇の止むにやまれぬ討幕思想が根底にあるものでした、仙台藩に公暦一八六八年戊辰に擁立された国体皇統の通称・東武大政天皇と称された人物が存在しましたが、「勝てば官軍負ければ賊軍」の

譬《たと》え通り、明治維新政府により一方的に国体皇統側が賊軍とされました。

さらに、長禄の変において、

「南朝の自（長慶）天皇諱勝義《かつよし》・忠義《ただよし》王兄弟が殺害され、北朝は神璽を奪い返した。南朝の正統皇統はこの事件をもって途絶えた」

とされますが、実際には泰成親王の子の興福院（天靖天皇）と、忠義親王が殺害されたのです。

この時に襲撃に参加した赤松残党の上月満吉《こうづきみつよし》が書き残した『上月記』には、確かに「深雪の中、目指す南主の継承者を討ち取り、目的を果たした」と書かれています。しかし、国体皇統（南朝）の断絶という一大事だというのに、ほかの記録ではほとんど裏付けができないのです。

赤松残党の自己申告とも言える報告が、何の客観的な証拠もないまま鵜呑みにされ、明治政体府によっていつのまにか、現代の歴史書に組み込まれているという現実があります。

実は、公式の文書にも準じる、信憑性の高い記録に、赤松残党の証言とは正反対の事実が記されています。

持明院統の最高責任者である九条関白・藤原経教《つねのり》の息子で大和国の守護（警察）権を持つ、興福寺大乗院（奈良県奈良市）の門跡《もんぜき》（住職）だった大僧正・経覚《きょうがく》が書いた、『安位寺殿御自記《あんいじどのごじき》』という日記がそれです。

日記の長禄二年（一四五八）四月十六日のくだりに、

「神璽は数年前に南朝方に奪われたが、今春南朝の二宮を吉野の川上に打（討）ち、一宮は奥に逃げられた。神璽が川上の母公のところに預けられていたのを小川弘光は知っていたので、小川弘光は母公のところから盗み取った」

ということが書かれているのです。なお、ここに書かれている「一宮」とは、自天皇のことです。また小川弘光は南朝方の人物で、南朝方は奪い返したと言っているのです。

つまり、持明院統の最高責任者の弟である経覚の記録には、赤松残党の「長禄元年に討ち取った」とする記録とは正反対のことが書かれているわけです。当時「奥」とは陸奥《むつ》（現在の青森・岩手・宮城・福島）、出羽《でわ》（現在の山形・秋田）の両国を指します。

このように、**『上月記』と『安位寺殿御自記』ではまったく逆の結末が書かれている**のです。『安位寺殿御自記』は時の関白の身内が綴った、北朝でも公式にある者の公的な日記です。一方の『上月記』は没落したうえ、所詮は恩賞目当ての襲撃者の側の報告書です。

報告書ならば、自分の立場にプラスになるようなことを書くのが普通でしょう。『安位寺殿御自記』には、赤松残党が奪ったはずの神璽が、なぜか「北朝に戻るのに一年以上かかっている」ことも明らかにされています。一年以上も三種の神器はどこにあったのでしょうか。

それに国体の当主はなぜ逃げたのか？　三種の神器を持つ者こそ唯一、正統な皇位者です。三種の神器がなければ、皇統の先祖を奉《まつ》ることはできないのです。「長禄の変」で自天皇が赤松残党に襲われた時、三種の神器を渡していれば、追われることもありませんでした。相手の目的は三種の神器を奪うことだったからです。

しかし、自天皇が逃げたということは「三種の神器を持っていたからこそ、持って逃げなければならなかった」ということでしょう。

三種の神器には本物と形代が存在する

赤松残党には家を再興したいという強い動機がありました。赤松家が取りつぶされて十数年が経っていますから、やっと巡ってきた再興のチャンスです。彼らはこれを見逃すわけにはいかなかった。

ところが自天皇は脱出に成功します。事の顚末を見ているのは自分たちだけですから、自分たちは失敗したとしても「成功した」と赤松家再興のためには嘘をつくしかなかったのでしょう。

そこで、**赤松残党は三種の神器の偽物をつくり、持明院統に渡すことで赤松氏はお家再興を実現した**のです。表向きはこれで「南朝は断絶した。三種の神器を取り戻した」と喧伝《けんでん》できます。政体は国体が滅亡したものとして正統性が主張できるわけです。

こうして以後の歴史認識は虚偽で塗り固められていったのです。

現在、『安位寺殿御自記』を取り上げ、「奥の地に逃げた」について、「奈良市側から見て奥だから、和歌山の山中だ」などと誤った解釈を主張している学者もいます。いいえ、誤っているのではなく、南朝の実態をつかませないようにしているのかもしれません。

しかし、醍醐寺の座主《ざす》であった満済《まんさい》の『満済准后日記《まんさいじゆごうにつき》』に「奥ノ小野寺上洛《じようらく》仕《つかまつり》＝応永三十四年（一四二七）八月十日」や「奥ノ下国ト南部弓矢ニ（永享《えいきよう》四年（一四三二）十月二十一日）」などと書かれているように、奥とは陸奥や出羽を指しています。つまり今の東北地方に逃げたということです。

このようにして国体皇統滅亡の虚偽の歴史がつくられてきたのです。

長禄元年（一四五七）国体の自天皇は三種の神器を持って、出羽国千福《せんぷく》地方（現在の秋田県南部）に吉野より脱出しました。その際、この地を治めていた小野寺中務《なかつかさ》少輔《しょうふ》家貞《いえさだ》の娘を娶《めと》ったとされます。

それ以来、国体主は千福屋形小野寺氏の奉戴のもと、三種の神器とともに南朝の正統皇統を継承してきました。すなわち**三種の神器が代々、国体である南朝正統皇統の仮称・小野寺に継承されてきたことから、南朝が正統皇統といえる**わけです。

ここで言う小野寺とは、醍醐天皇の菩提であった牛皮山曼荼羅寺随心院《ぎゅうひざんまんだらじずいしんいん》を、小野寺（京都市山科区）と称したことに始まります。醍醐天皇の名を取って、その意思を理想としたのが、後醍醐天皇です。

国体天皇が小野寺という醍醐天皇の菩提寺の名を取ったのは、醍醐天皇を理想とした後醍醐天皇の後裔だからという意味もあったのでしょう。

なお三種の神器は通説ではそれぞれ一つずつとされますが、三種の神器に関しても本物と形代《かたしろ》（レプリカ）が存在することがわかっています。

『古語拾遺《こごしゅうい》』によれば、「第十代崇神《すじん》天皇の時に、鏡と劒は宮中から出され、伊勢の皇大神宮《こうたい》に祀られることになって、形代から作られた」とあります。

また、『日本書紀』では「応神天皇（第十五代）の時には、すでに宝劔・宝鏡は倭（日本）の大王の手を離れ、伊勢に奉祀《ほうし》されていた」とされています。『日本書紀』の天智天皇七年（六六八）の頃に「是歳沙門直行草薙劔を盗みて新羅に逃げ向く、而して中路に風雨にあひて荒迷《まど》ひて帰る」とされています。新羅は神武天皇の兄が建国したとも伝えられる国です。草薙の宝劔は新羅においてもなくてはならない劔であったのでしょう。

黄帝の象徴がなぜ日本の正統皇室の象徴となったか

ここで、通説での三種の神器をめぐる争いを振り返っておきましょう。

○文治元年（一一八五）三月二十四日源氏・平氏による壇ノ浦の戦いで、三種の神器の一つである天叢雲劔（注・これは形代）は第八十一代安徳天皇とともに海中に水没した。そこで、後鳥羽天皇は神器がそろわないまま即位したとされているが、安徳天皇が所持した品は形代であった。
○鎌倉（一一八五〜一三三三）後期、第八十八代後嵯峨天皇に続く皇位を持明院統（後深草院）と大覚寺統（亀山院）の二つの皇統から交互に次ぐ「両統迭立」となった。この時三種の神器は交互に移動した。
○建武二年（一三三五）、足利尊氏との戦いで、和睦の要請に応じた大覚寺統の第九十六代後醍醐天皇が足利氏へ「三種の神器」を渡す。その後、後醍醐天皇は「尊氏に渡した神器は贋物《にせもの》である」と主張し、吉野（現・奈良県吉野郡吉野町）に政府を開く。国体府と政体府の俗にいう南北朝時代の始まり。
○元中九年（一三九二）、国体府と政体府が両統迭立を条件に和睦する（明徳の和約）。国体の後亀山天皇が、政体府の後小松院《ごこまつ》（幹仁《もとひと》）に三種の神器を渡し、後小松天皇が即位。
○応永十九年（一四一二）、後小松天皇が両統迭立の約束を破り、自分の長男である称光院《しょうこう》を即位させるが、称光院は二十八歳で亡くなる。さらに、大宝律令の定めによって皇位継承の資格のない、彦仁王《ひこひとおう》を猶子として後花園天皇として即位させる。この間、三種の神器は政体府にとどまったまま。これに対抗して、再び「国体」政権が生まれる。
○嘉吉三年（一四四三）九月、禁闕《きんけつ》の変により、南朝勢力が後花園院の宮中から三種の神器を奪還。即位して天靖天皇と称す。
○長禄元年（一四五七）十二月、「長禄の変」で政体（北朝）勢力が、国体（南朝）から三種の神器の奪取を試みるが失敗に終わる。これ以降、国体（南朝）の正統皇統が継承してきた。

三種の神器と准神器についても、説明しておきましょう。

○「神璽」は八尺瓊勾玉《やさかにのまがたま》が大小一組。スメル（シュメール）皇帝が所持し、以来その血脈において代々継承してきた。
○「劔」は天叢雲劔《あめのむらくものつるぎ》と「壷居劔《つぼいのつるぎ》」の二つ一組。皇帝の血脈である、中華周王朝の十三代平天王が作らせて所持し、以来その血脈において代々継承してきた。
○「鏡」は八咫御鏡一つ。神璽と劔のあとに加えられた。古代大日本の天皇が所持し、その血脈において代々継承していた。

なぜ二つ一組かというと、国体（南朝）正統天皇としての筆者が伝承した三種の神器の「天叢雲劔」に、もう一振りの劔がついていたからです。この「劔」の歴史を調べたところ、一つは王が、もう一つは皇太子が継承するものとわかったのです。

鏡に関しても、それを証明する出土品が仁徳陵から出土しています。

では、なぜ、「三種の神器」のうち「神璽」と「劔」という外国の黄帝の象徴が日本に伝わり、日本の正統皇室の象徴となっていたのか。

それは日本の正統皇室の血脈の歴史が関係しているからです。つまり、正統皇室はその歴史を経過して今日にあるという事実を物語っているのです。

現在の政体天皇家で、三種の神器は天皇も含めて誰一人その実物を見ることが許されていません。いわば「幻の存在」となっています。

しかし、筆者は継承してきた三種の神器を公開しています。これまでに公的機関や専門家に依頼して、鑑定や調査をしてきました。唯一無二の神宝ですから、保管するのも大変です。

では、なぜ個人が数百年にわたって三種の神器を守り抜き、受け継いでこられたのか。

一つには「地理的な要因」があったのでしょう。国体（南朝）の皇統は、東北地方に強大な勢力範囲を持つ千福屋形小野寺一族に守られてきました。

鎌倉初期、下野小野寺氏、新田小野寺氏、千福小野寺氏と勢力を広げた

小野寺苗字の誕生は平安時代中期に摂政・藤原道長の第六子が藤原長家《ながいえ》のち権大納言ですが、その子孫に藤原道房《みちふさ》という人物がいました。

道房の実父は長家の孫・鬼大夫忠実でその子、左馬頭忠房は外祖父正三位・家信の猶子となります。忠房の夫人が資信の娘で道房の母です。

すなわち、この藤原道房は外祖父小野宮中納言・藤原資信の猶子となり、その第《だい》を継いで「小野宮」を号としました。

この「小野宮苗字」というのは、藤原氏繁栄の基礎をつくり、摂関政治を確立させた摂政関白太政大臣・藤原実頼《さねより》に始まります。

実頼は朝廷・公家・武家に関する古来の行事・法令・制度・風俗習慣などの「有職故実」の小野宮流を始めた人です。「小野宮清慎公《せいしんこう》」とも称されました。

平治元年（一一五九）十二月、京都で「平治の乱」が起きます。平治の乱とは、勢力を伸ばしつつあった平清盛を打倒するため、源義朝《よしとも》が藤原信頼《のぶより》と一緒に挙兵した事件です。しかし、最後は義朝・信頼が殺され、源氏は敗北して、平氏の政権が成立します。

この平治の乱において、藤原道房は藤原信頼に味方して敗れ、仁和寺《にんなじ》で剃髪《ていはつ》しました。そして「小野宮」並びに位階三位にちなんで小野寺大法師義寛《よしひろ》と称して出家しました。

永暦元年（一一六〇）三月、小野寺大法師義寛は信頼に加担した罪により下野《しもつけ》国＝栃木県）に流罪《るざい》となります。下野国は当時、鎮守府将軍武蔵守・藤原（田原藤太）秀郷《ひでさと》の嫡孫《ちゃくそん》である足利散位家綱《さんいいえつな》が押領使《おうりようし》（兵員を引率して戦場に向かうことを職掌とした政府直属の官職）として治めていました。

そこに預けられ、仁安元年（一一六六）三月に罪を免じられた小野寺大法師義寛は、領主である足利散位家綱の娘を妻としてもらい受け、長男の小野寺禪師太《ぜんじた》郎中務丞《ろうなかつかさのじょう》道綱をもうけます。

平安時代末期の治承四年（一一八〇）から元暦二年（一一八五）にかけて、「治承《じしょう》・寿永《じゅえい》の乱」が起こります。これは、平清盛を中心とする平氏政権に対する大規模な反乱です。

この乱で、平氏政権が崩壊し、源頼朝を中心とした鎌倉幕府が樹立されます。小野寺禪師太郎道綱は寿永の合戦で源頼朝に加勢して、平家討伐に数々の武功を立てました。特に、治承・寿永の乱以降の文治五年（一一八九）の平泉攻めでは、大河兼任《おおかわかねとう》の兵を討つなどの功績を上げます。

それにより、源頼朝より「奥州新田郡（現在の宮城県内の一部）」の地頭職《じとうしょく》（荘園・公領の管理、租税徴収、刑事事件の審理、判決を下すなどの権限を持った職）を拝領したりもしました。

以上の経過により、小野寺禪師太郎道綱の子孫は「新田小野寺殿」あるいは「新田殿」と呼ばれることになります。

こうして小野寺氏は鎌倉初期において、「下野小野寺氏」（栃木県南部）、「新田小野寺氏」（宮城県北部）、「千福《せんぷく》小野寺氏」（秋田県雄物川流域）へと勢力を広げていきます。

鎌倉幕府では、小野寺氏の子孫は代々、「左衛門大夫《さえもんのたいふ》」に任官されました。これは宮城諸門の警衛などをつかさどる左衛門府《さえもんのふ》の判官です。

また、子孫は将軍の供奉随兵役《ぐぶずいひょうやく》を務め、幕府では殿中に詰めて将軍御所の警《けい》固《ご》に当たる「将軍廂番衆《ひさしばんしゅう》」を代々務めています。小野寺氏は、初代の道房が三位の位階を有したことから、その子孫も一階級上の官職あるいは官位の扱いを受けていたようです。

鎌倉幕府の中期には、幕府の重臣であった道綱の弟、小野寺次郎左衛門尉《さえもんのじょう》秀道が出羽国千福地方も合わせて治めるようになりました。これにより、小野寺氏(栃木県)は奥州の地に大きな力を持ち、のちに「千福小野寺殿」とも「千福殿」「雄勝《おがつ》屋形」とも呼ばれるようになりました。

なお、出羽国千福地方とは、出羽の穀倉地帯である秋田県雄物《おもの》川流域であり、千福屋形は黄金山から採取した黄金を用いて、国体(南朝)皇統の財政面をしっかりと支えてきたのです。

昔、奥羽の地は黄金郷とみなされ、その黄金郷を支配していたのは小野寺一党の関係者でした。現在は閉山していますが、石見《いわみ》銀山の地も室町期は千福小野寺氏の支配地でした。

南天皇は伊勢から駿河国駿東郡阿野庄に移った

長禄元年（一四五七）、出羽に逃げた南主の自（長慶）天皇勝義《かつよし》は、この時十八歳でした。当時、出羽国では千福屋形小野寺氏が斯波《しば》氏の守護代を務めていました。

つまり、「雄勝《おがつ》屋形」を名乗り、出羽を治めていた小野寺氏のところに、赤松残党に襲われた南主の自（長慶）天皇勝義が逃げてきたわけです。

自天皇はこの地を治めていた雄勝屋形の当主・小野寺中務《なかつかさ》少輔《しょうふ》家貞《いえさだ》の娘を娶ります。自天皇は小野寺氏の十八万石（応仁武館）の援助を得て雄勝・平鹿・仙北を中心としてその四隣を平定し、出羽王と呼ばれました。

これ以降、国体の正統皇は代々、千福屋形、小野寺氏一党に奉《まつ》られて戦国期、安土桃山期、江戸期を経て現代に至っているわけです。

応仁元年（一四六七）から文明九年（一四七七）にかけて、応仁の乱が起こります。武衛家の跡継ぎ争いがからんで、細川勝元と山名宗全持豊《やまなそうぜんもちとよ》の対立により起きた内乱です。

現代の歴史書では足利尊氏を「将軍」と呼んでいますが、正確には足利家は「公方《くぼう》家」であり、政体府北朝の「右大臣」「左大臣」の官職にあたりました。その下で、「三官僚」と呼ばれる武衛家が軍政を任されていました。

その筆頭が当時、足利氏と同族の斯波《しば》氏でした。小野寺遠江守重道《とおとうみのかみしげみち》の長男、中務大輔《なかつかさ》家貞は「千福殿」と呼ばれ、最初は斯波家（武衛家）執政六家の筆頭的立場にありました。その重道の三男が隠岐守家道《おきのかみいえみち》です。

享徳《きょうとく》元年（一四五二）、斯波義健《よしたけ》が薨去《こうきょ》すると、養子の義敬《よしとし》と義廉《よしかど》がその家督をめぐって対立します。千福屋形は義廉をたてました。

家督争いは応仁の乱（一四六七）へとつながっていき、応仁の乱で西陣においいて南主を奉戴《ほうたい》したのが山名宗全です。山名宗全の娘が義廉の夫人でした。

義廉も応仁の乱には西軍側に加わっていますから、千福屋形における南主奉戴は享徳時代には定まっていました。小野寺中務大輔家貞の娘を母として誕生した自天皇の皇子は、この時山名宗全に擁立され、文明五年（一四七三）に入洛《にゅうらく》します。西陣において国体南（後招慶）天皇（東光院）として即位したのです。

その後、西軍の総大将である山名宗全、東軍の総大将である細川勝元が相次いで病に倒れ、南天皇は千福小野寺氏とともに越前に逃れます。そして越前で東軍についた朝倉孝景《たかかげ》・氏景《うじかげ》勢と戦いました。

文明六年（一四七四）五月、桶田《おけた》・波着《はちゃく》・岡保《おかぼ》（いずれも現在の福井県）の合戦で、小野寺中務大輔は崩河《くずれがわ》（福井県と岐阜県の県境にある現在の九頭竜川）で討死しました（上の記事参照）。

南天皇はその後、出羽国に帰還しました。文明十一年（一四七九）に南天皇と父親の太上天皇（自天皇）は再度、出羽の地より京都に赴くため北陸道に

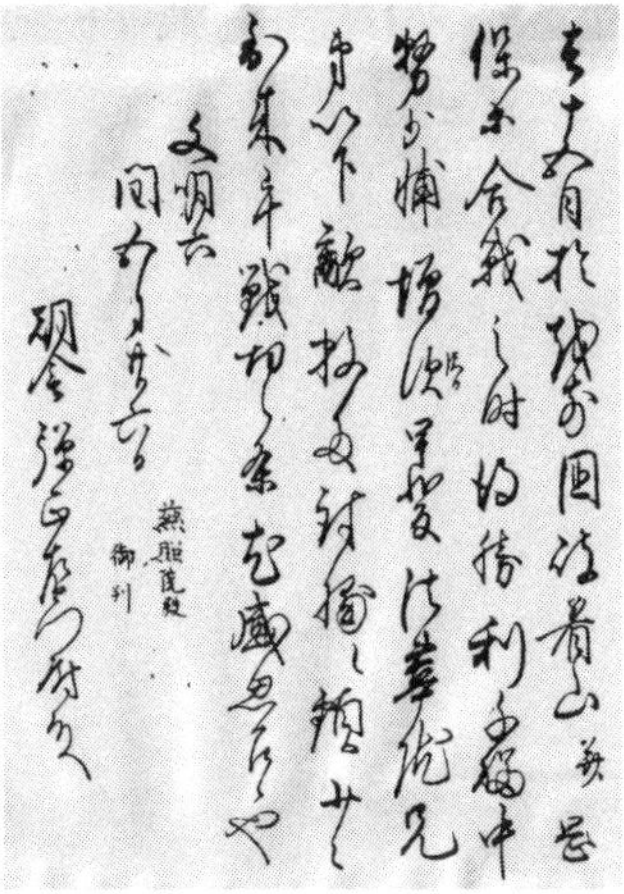

『古今消息集』の文明６年閏５月26日付の記事より

兵を進めます。自天皇は四十歳でした。

しかし、従った軍勢は長征の途で四散してしまいます。自天皇父子は山城国《やましろのくに》、男山《おとこやま》八幡の田中庄にとどまり世をうかがっていました。しかし自天皇は失意のうちに亡くなり、八幡の神応寺《じんのうじ》山内に葬られました。

男山八幡に南主の延臣である伊勢の北畠政郷《きたばたけまささと》が子息の元服を祝って参詣《さんけい》します。

北畠氏は村上天皇に源を発し、天皇の孫、師房《もろふさ》王が源朝臣《みなもとのあそん》という姓《かばね》を賜ります。その孫・源雅実《まさざね》は久我《くが》を称します。また雅実より六代の師親《もろちか》は北畠とも称しました。

以来、『神皇正統記』などで著名な北畠親房《ちかふさ》や鎮守府《ちんじゅふ》将軍となった北畠顕家《あきいえ》などを輩出します。中でも北畠政郷は、自らの権力の後ろ盾として南天皇の擁立に動き、南天皇は北畠政郷が国司を務める伊勢に都を移しました。

伊勢で七年の歳月を過ごした南天皇は、北条早雲《そううん》、伊勢長氏《ながうじ》らを率いて伊勢から駿河国駿東郡阿野庄に移ります。国体の明応十八年（一四八六）＝北朝の文明十八年のことです。

日蓮大聖の継子・日目上人の生家は新田小野寺氏だった

南朝初代の後醍醐天皇は天照大神の垂迹《すいじゃく》と称されている大日如来を本尊とした真言密教によって、世の中を治めようと考えていました。しかし、それはうまくいきませんでした。

小野寺五郎日目《にちもく》上人の天奏を受け入れ、嘉暦三年（一三二八）十一月二十一日に「本門之寺勅願所旨……天氣執達如件」の綸旨を下申し、そして後醍醐天皇は崩御の際、左手に法華経第五の巻（大乗仏教の経典）を握り、「君臣心を一つにし、正しい法華の教えに従って日本を太平にせよ」と述べました。

「法華の教え」とは比叡山の天台法華ではなく、「王は正法を立てて国を安ずべき」という日蓮大聖の『立正安国』の思想に近いものだったのでしょう。日蓮大

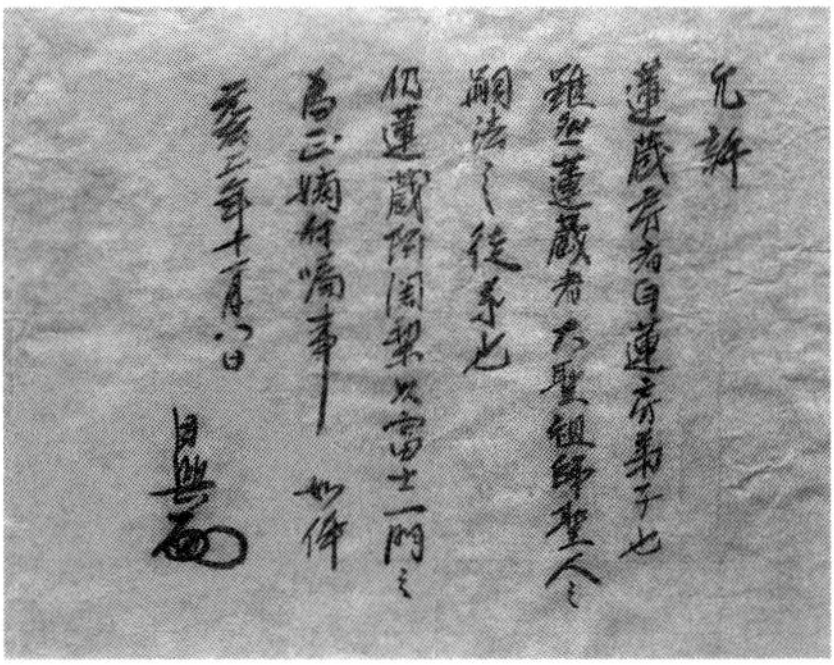

日興師允状。蓮藏房は日蓮の直弟子で、かつ法脈を継承したとある。

聖が主張した「王佛冥合《おうぶつみょうごう》」による立正安国です。後醍醐天皇はなぜ崩御の間際に、真言密教を捨て、日蓮大聖の法華に鞍替えしたのでしょうか。後醍醐天皇は、生涯を通じて信仰してきた真言密教が招いた加持祈禱の現実が、まさに日蓮大聖の予言する真言亡国《しんごんぼうこく》そのものだったと認識したのです。

真言亡国とは、日蓮大聖がほかの仏教宗派を批判した「四箇格言《しかかくげん》」のうちの一つです。「法華経を根本として信仰しなければ国が滅ぶ」とされます。

後醍醐天皇は日蓮大聖の弟子・日目《にちもく》上人の布教活動で日蓮大聖の教えを知りました。その日目上人の生家は「新田小野寺氏」であります。

日目上人は「蓮藏房《れんぞうぼう》日目」の交名《きょうみょう》（連名書）を日蓮大聖から賜ります。つまり、日蓮大聖から魂魄（魂）である「本因妙大本尊」を授与されたのです。

この日目上人が後醍醐天皇の朝廷に、日蓮大聖の『立正安国論』とともに日蓮大聖の思想を上奏《じょうそう》（意見・事情などを天皇に申し上げること）しました。この上奏は日目上人の生家・新田小野寺家の援助によって行われたことは、日興《にっこう》上人の筆による大曼荼羅《まんだら》から推測できます。

京都・要法寺《ようぼうじ》蔵の元亨四年（一三二四）十二月五日、日興上人筆の大曼荼羅に「皇門御家人新田孫五郎通章に之を授与す」（富士宗学要集八巻）とあることからわかります。すなわち、王佛冥合を理想とした日蓮法華の衆団が存在していたからです。

信長は千福屋形と国体（南朝）天皇の関係も知っていた

天正元年（一五七三）、千福屋形の小野寺弥七郎遠江守道元は南主を奉じて織田氏に加勢しました。そして、越前の本領五万石の支配が織田氏に承認されています。

つまり、かつて織田氏の上位にあった千福屋形の立場が逆転し、織田氏の配下となったわけです。

信長の妹、お市は江州《ごうしゅう》（滋賀県）の小谷城主《おだにじょうしゅ》・浅井長政に嫁ぎます。そして淀《よど》（豊臣秀吉夫人）・お江《ごう》（徳川秀忠夫人）を出産しました。

その浅井氏は正親町三条《おおぎまちさんじょう》嵯峨家の支族で、本姓は藤原氏です。北朝政体府が主流の京都に公家として居を構えていました。

藤原公季閑院《きんすえかんいん》太政大臣を祖とした正親町三条実雅《さねまさ》の子の正親町三条公治《きんはる》は、南主天皇のそばに仕えました。そこで、文明四年（一四七二）、北朝政体府より江州浅井郡（滋賀県）に配所（罪を問われて流されること）になり、その後、その地名をとって「浅井」を称します。つまり、**浅井氏は南主支持の一党といえる**のです。

織田信長は南主を擁立してきた北畠氏の家督と伊勢国司の座を奪い、南主と深い関わりのある浅井氏と親戚関係を持つことで、南主天皇との結びつきを強めました。もともと織田氏は斯波氏の尾張守護代で、信長は千福屋形とは長く同盟関係にあった織田本家の分家の分家出身でした。

そのような歴史的背景から、信長は千福屋形と国体（南朝）天皇の関係もよく知っていたはずです。ところが明治政体府にすれば、「織田氏は持明院統（北朝）天皇を擁立していた」としたいのでしょう。しかし、実態は「織田氏の天皇擁立は南朝で行われていた」ということです。

安土城二の丸御殿は国体（南朝）天皇の御所として建立された

まずは千福屋形と織田氏の歴史を振り返ってみましょう。

斯波義健《よしたけ》が亡くなると、養子の義敏《よしとし》と義廉《よしかど》がその家督をめぐって対立します。千福屋形は義廉を立てました。

家督権争いは応仁の乱へとつながりますが、義廉側についた執政六家のうちの増沢氏・千福氏・二宮氏が朝倉氏に敗れた時の記録が残っています。
「主君（斯波）義廉は尾張へ下国し、その留主を幸いとし、一方の主筋、斯波義敏に招かれて御所方（政体）と成り、陪臣忽《たちまち》昵近《ぢつこん》の臣に列して、越国を拝領し、御敵（国体側）退治の公命を蒙《こうむ》り畢《おわん》ぬ。因レ茲《これにより》（朝倉）敏景《としかげ》・氏景《うじかげ》急ぎ越前に下向せしめ、先ず義敏（政体側）の怨敵、増沢《ますざわ》甲斐守《かいのかみ》祐徳《すけのり》、千福中務丞《せんぷくなかつかさじょう》、二宮《にのみや》左《さ》近《こん》等を討捕《うちとらえ》。彼等は皆、敏景が同僚にて斯波義廉の長臣…」

ここに示されている国体側の千福中務丞の末裔が、千福遠江守《とおとうみのかみ》です。また織田氏との関係は『続応仁後記』第九「織田信長武功出身由来事」にも記されています。

それによると、
「織田上総介信長は斯波氏の家長として、尾州の武士。そこには本家細川出羽守、鹿草兵庫助、二宮信濃守、朝倉弾正左衛門、千福中務丞、増沢甲斐守という六人の家長がいる。織田家はもともとは越前国（北陸の福井県嶺北地方・岐阜県北西部・敦賀市）の神官だったが、文武に長けているため、斯波氏が取り立て、家長として尾州（尾張国）を治めさせた」

という意味のことが書いてあります。千福屋形が織田氏の上位にあったことが示されているわけです。

『信長記巻第十五之上』「惟任日向守《これとうひゅうがのかみ》謀叛事」に、

「安土城二の丸御番には蒲生右衛門大夫賢秀《かたひで》、森次郎左衛門尉《さえもんのじょう》、雲林院出羽守《うじいんでわのかみ》、鳴門《なると》助《すけ》右衛門尉、祖父江五郎《そぶえごろう》右衛門尉、佐久間与六郎《よろくろう》、箕浦次郎《みのうらじろう》右衛《え》門尉、福田《ふくだ》三河守《みかわのかみ》、千福遠江守、前波弥五郎《まえなみやごろう》、山岡《やまおか》対馬守《つしまのかみ》等……（以下略）」

とあります。惟任日向守とは明智光秀のことです。

　この安土城の二の丸御殿は、信長が国体（南朝）天皇の居住の御所として建立したものです。国体（南朝）天皇は信長に招かれて一時居住しました。二の丸御番の顔ぶれを見ると、信長のいる本丸よりも天皇が居住する二の丸の方が警備は厳重であったことがわかります。

　当時、信長は幕府との関係上、千福遠江守という存在を表に立てていましたが、その裏で国体南朝天皇が鎮座しているという事実を暗に示したのでしょう。しか

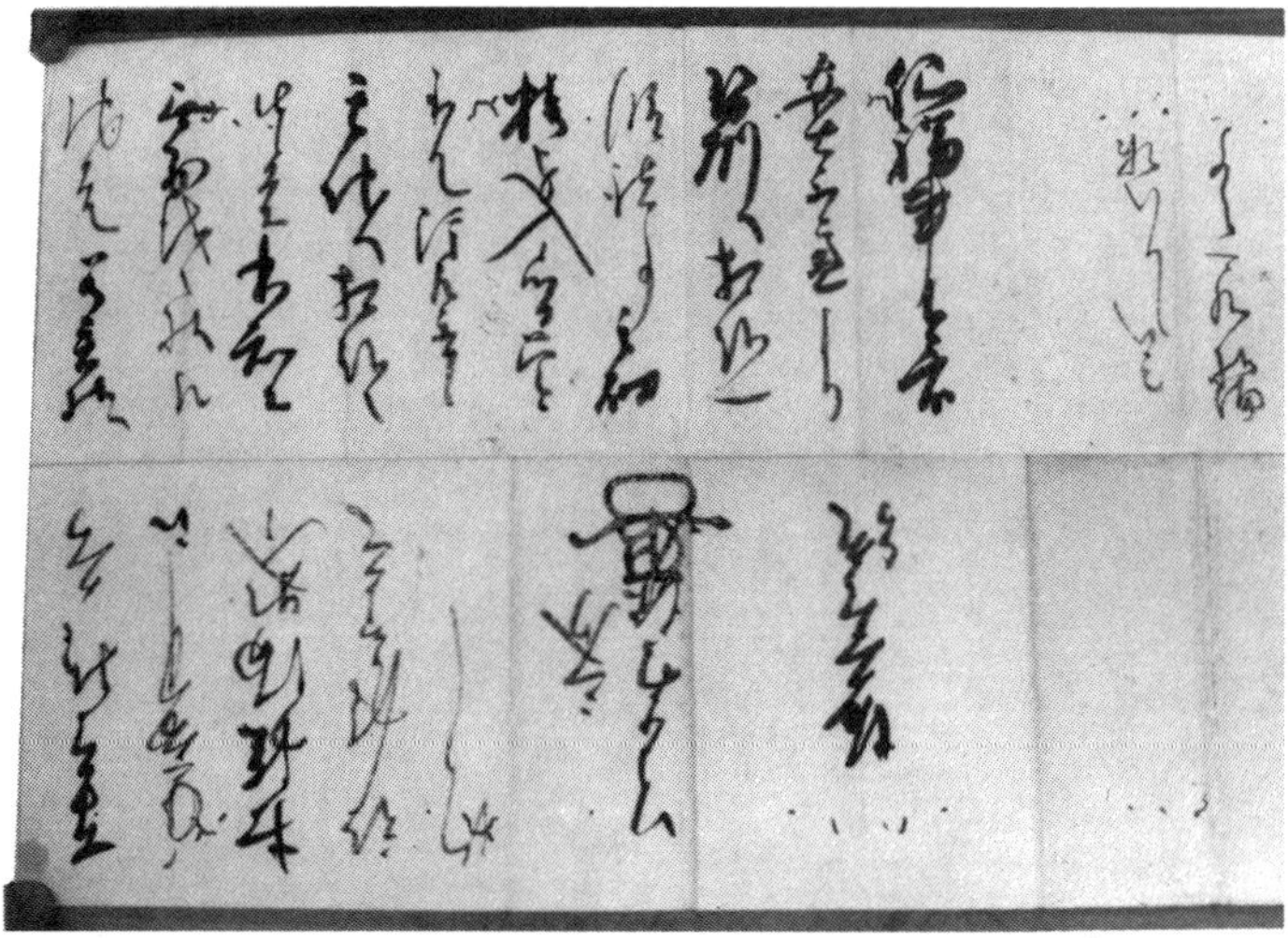

北畠三介信雄が堀久太郎に千福氏のことを依頼した書状

し、皆さんもご存じの通り、明智光秀が起こした本能寺の変によって信長は滅ぼされてしまいます。

国体南朝天皇は千福屋形に奉戴され伊勢に御所を戻します。この時、伊勢にいたのが、信長の次男・織田信雄《のぶかつ》です。北畠氏の家督と国司の座を譲り受けた北畠内大臣《ないだいじん》信雄です。

信雄はその時の状況を、堀久太郎《ほりきゅうたろう》（堀秀政）へ宛てた書状（東京大学文学部蔵）に記しています（上掲参照）。堀久太郎は信長側近の武将として、近江長浜城主になった人物です。

書状では、信長の孫で織田家の家

督とみなされていた岐阜中納言・織田秀信に「彼らを絶対に手離してはいけない」と言っています。この時の状況から、安土城を襲われて逃げ出したのは、千福屋形でしょう。

普通なら、主君から留守を預かっている城を放り投げて逃げたのですから、重罪に当たります。ところが、信雄はその千福屋形を責めるどころか、擁護して守るようにと書いているのです。つまり、「千福屋形は南天皇を守るために逃げた」ということでしょう。

千福小野寺氏は明との交易で富を蓄えた

天正十八年（一五九〇）、豊臣秀吉の天下となり、南朝天皇を擁立し続けた千福屋形・小野寺弥七郎遠江守道元は三万石、その分流である奥州の小野寺孫十郎遠江守義道の支配所領は出羽仙北一揆により秀吉によって減石され、三万千六百石とされました。

戦国時代には、千福屋形の分流、出羽小野寺氏の当主が討死しています。そこで相模にいた千福小野寺氏から、てる道が養子に行きました。その子、義道の時代に、慶長五年（一六〇〇）の関ヶ原の戦いが起きました。

当時、東北地方で最大の勢力を誇っていた上杉氏を恐れた東北の諸大名は、出羽の横手城にいた小野寺氏を攻め、小野寺義道は関ヶ原の戦いに参加できませんでした。

そのため、横手の三万千六百石は徳川家康によって除封《じょほう》（身分を剝奪され、所領や城も没収されること）されてしまいました。そんな中、遠江守義道は自分の次男・保道《やすみち》に命じて、てる道以前の先祖の関係性がわからないまま系図をつくらせました。

それが、『秋田県史』『岩手県史』『宮城県史』『栃木県史』などに収録されている「小野寺譜」です。ですから、それらの「小野寺譜」には根拠などないのです。

慶長五年、関ヶ原の戦いに豊臣方とみなされた千福屋形は破れた後、大名の身分を剝奪され坂崎出羽・亀井豊前守に預けられ、千福屋形の一族は加賀の前田家に三千石で召しかかえられます。また仙台伊達氏、駿河大納言家、幕府旗本などに召しかかえられた者もいました。

一方、小野寺三郎左衛門は「鮫屋《さめや》」と名乗り、「糸割符年寄《いとわっぷとしより》」となります。糸割符貿易とは江戸幕府が特定の人に独占的に日本国内への輸入と卸売りの権利を与えたものです。それにより明との交易を独占し、莫大な富を得るようになります。千福小野寺氏の鮫屋《さめや》もそのうちの一社で、莫大な富を蓄えたのです。

小野寺刑部《ぎょうぶ》大輔道白《だいゆうみちきよ》は元和九年（一六二三）、駿河大納言・徳川忠長付《ただながつき》宿老《しゅくろう》となります。**この時の南主天皇は諦眞《ていしん》法王と号していました。**

小野寺刑部大輔道白は、かつて賜った駿東《すんとう》の地を再度、駿河大納言から領することになり、富士の高橋（静岡県富士市）に屋敷を築き、高橋桂之助とも称しました。

ところが、徳川幕府の家光派と忠長派による次期徳川三代将軍の座をめぐる争いが起き、春日局《かすがのつぼね》による家康への直訴があって、家光派の勝利となり、その結果忠長は若くして自刃します。

その際、小野寺刑部大輔道白の屋敷と王仏名号の主張を継承してきた正統大石寺（現在の富士市依田原《よだはら》）は寛永八年（一六三一）にすべてを焼かれて刑部大輔道白は出家します。そして入道常諦《じょうたい》と名乗りました。

寛文九年（一六六九）幕府は、寺領を将軍の寺に対する供養とし、不受不施《ふじゅふせ》に対して、信徒を寺請《てらうけ》（その寺の信徒であることを証明させた制度）することも認めない「不受不施派寺請禁止令」を発します。

その後、刑部大輔道白は寛永十九年（一六四二）に秋田に流罪とされ、秋田藩の佐竹氏預かりとなり、幽閉地である湯沢で一六四三年に亡くなりました。

圓藏院法皇は国体正統府の再興をはかった

徳川幕府では水戸光圀によって新寺《しんじ》（新しい寺を作ること）、引寺《いんじ》（寺の引っ越し）は禁止されていました。しかし敬台院《きょうだいいん》（家康の嫡男・岡崎信康の娘が小笠原秀政に嫁し、その長女）の働きかけによって、富士大石ヶ原本門寺は富士宮の地に大石寺の名のもと再建されます。

本来の大石ヶ原本門寺の跡を継承したのは、三超院日秀《さんちょういんにっしゅう》と号した南主法皇でした。日秀法皇は小野寺一族と大石ヶ原本門宗徒に推され、駿東の富士大石ヶ原法華寺（現在の富士市依田原字大石）の地にとどまり、宝永三年（一七〇六）八月一日に崩御されました。

「三超」とは、天・地・人を貫く「王」という意味であり、三超院法皇の自負のもとに、不受不施を貫きました。不受不施とは「王である三超院様は臣下から布施を受ける立場にない」という意味です。

江戸幕府は延享元年（一七四四）には「三島派不受不施御仕置之事」という刑罰を設け、三超院派に対して大弾圧を行いました。三超院の曾孫、長寿院は幕府の大弾圧の中で、小野寺左京秀寿《さきょうひでとし》と名乗ります。

現在、長寿院が自ら彫ったと伝えられる位牌が、沼津市井出にある士詠山《しえいざん》大泉寺に保存されています。その位牌には、「一花無残居士」と彫られています。「一花」とは日蓮大聖の魂魄（魂）である「本因妙大本尊」と「王佛冥合」のことです。「無残」とは、日蓮大聖より日目（俗姓・小野寺）、日道（俗姓・小野寺）と代々伝わってきた「本因妙大本尊」と後醍醐天皇直系の南主天皇という立場を完全に隠し込めるという意味でしょう。

長寿院は天明元年（一七八一）頃には駿河駿東の地に、士詠山大泉寺以下二ヶ寺を重興し、寛政元年（一七八九）一月三十日に崩御しました。陵墓は大泉寺本堂左の古墳上の高台にあります。

なお、長寿院の孫・圓藏院《えんぞういん》法皇（号富柳《ふりゆう》蝶眞《ちようしん》）の時代に、幕末を迎えます。幕末の尊王思想の盛り上がりの中で、圓藏院法皇は「王佛冥合の立正安国」を念願する人々に支持され、国体正統府の再興をはかりました。しかし、天保二年（一八三一）七月一日、崩御しています。

この圓藏院法皇の孫が知徳院（大政天皇）であり、戊辰戦争において東武天皇として仙台藩主・伊達慶邦《よしくに》等に奉戴されることになります。

小野寺家は寛永通宝や仙台通宝を全国に通用させた

　出羽横手城主・小野寺遠江守義道は関ヶ原合戦に、石田方加担の疑いで横手三万一千六百石を改易、石見国へ配所とされました。その際、義道の次男・儀右衛門保道《やすみち》の裔は仙北山本郡神尾に隠れ、のち旧臣新庄藩戸沢氏の客分として四百石を支給されました。

　戸沢氏は代々小野寺の旗下にあり、ゆえに、保道の子・主水高道の代に苗字を山内と改め、隆道・豪道・休道と継承し、隼太の代に至ります。隼太は弟にその家督を譲り、佐竹壱岐守義和の家中となりました。しかし支給禄百石をもって辞し、旧領、雄勝・平鹿・仙北三郡の山本に因み苗を山本、姓を母方の松岡氏より得て平氏に改め、七平敬勝と名乗ります。

　一関《いちのせき》藩主・三万石田村《たむら》左京大夫村資《むらすけ》を頼み、縁あって娘・恒子が村資の三男・

仙台政宗

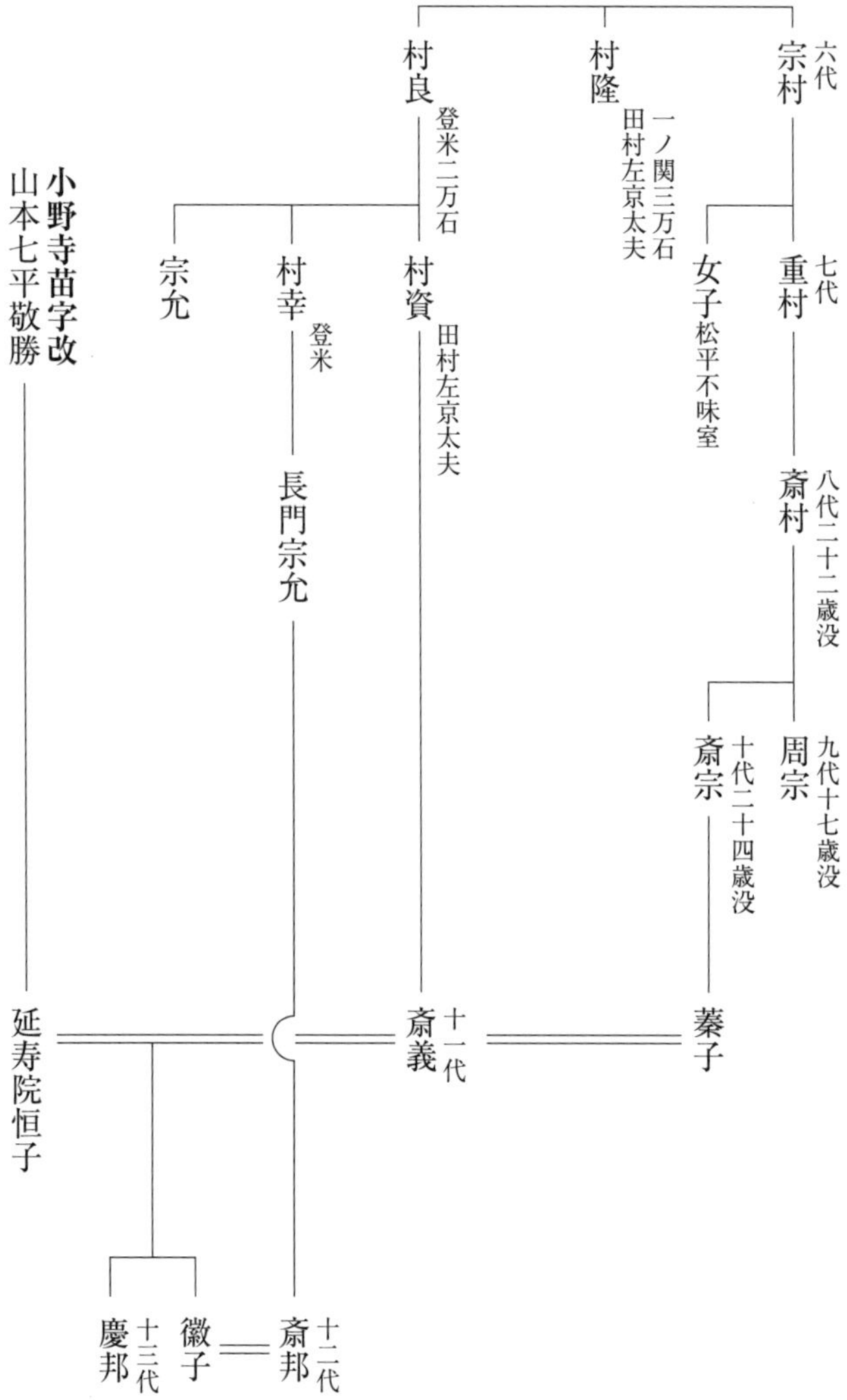
六代 宗村
村隆 一ノ関三万石 田村左京太夫
村良 登米二万石
七代 重村
女子 松平不味室
村資 田村左京太夫
村幸 登米
宗允
小野寺苗字改 山本七平敬勝
八代 斎村 二十二歳没
長門宗允
九代 周宗 十七歳没
十代 斎宗 二十四歳没
蓁子
十一代 斎義
延寿院恒子
十二代 斎邦
徽子
十三代 慶邦

顕嘉《あきよし》の夫人となりました。のち顕嘉は仙台六十二万五千六百石仙台藩主・伊達二十六世斎宗《なりむね》の娘・蓁子と婚約し、斎宗の継子となり、二十七世（正山公）斎義と称しました。しかし斎義は未婚で卒し、それ以前に斎義と恒子の間には徽子《のりこ》・寿村の二子がありました。

蓁子との間に子はなく、徽子に一門登米二万石伊達長門宗充の息、宗禮《むねのり》を迎え、宗禮は二十八世伊達（龍山公）斎邦と称します。斎邦の跡は寿村が継いで（楽山公）慶邦と称し、戊辰に至ります。

慶邦は母・延寿院が縁あってかわいがっていた一門佐沼五千石支配の亘理氏の娘・光子を慶邦の猶子とし、大政天皇の夫人としました。

恒子は斎義卒去に落飾し延寿院と号します。明治七年（一八七四）九月、六十九をもって逝去しました。山本七平の先祖に関する伊達家記録は各々相違しています。

『伊達家養君生父母伝諸公子女生母伝嫡君庶出共』のうち、山本氏家系詳子撰詢録には「正山公側室、公女綏姫・公子穣三郎君・公女依姫、生母山本氏宮女《みやじょ》姓平、山本氏諱恒子、後称延寿院。父山本七平後三郎兵衛友直、秋田佐竹侯庶流佐竹壱岐守義和家臣也。戊辰後自青葉邸移住小泉郷一本杉邸、同七年九月廿六日卒六十九」と示されています。

『東藩史稿』には、「側室山本恒子、美屋と称す佐竹喜岐守の臣七平敬勝の女…落飾して延寿院と号す。(文書) 山本氏姓は平、山本郡平久温を以て祖となす。久温の子林藏久次、久次の子を敬勝となす」「文政十年始て禄を賜ひ番士となる敬勝の養子三郎兵衛友直廩米三百苟なしを賜ひ」とあります。

つまり、友直は敬勝の婿養子であり、『伊達家養君生父母伝諸公子』の文章の「友直が佐竹氏…也」は誤りです。山本郡とは現在の秋田県の仙北・平鹿・雄勝の三郡、旧小野寺氏領を称します。『東藩史稿』の編纂者・作並《さくなみ》清亮氏はあえて真実を記載していないのです。

この延寿院を山内家から入籍した祖母よしは代官伯母さんと呼んで、常に筆者に思い出話をしてくれました。

戊辰時、世界の諸国は、初め幕府や奥羽列藩が奉戴した国体皇統で開国主義の東武天皇側が勝利すると思っていました。東武天皇は政体の慶応四戊辰年六月十五日大政と改元したので、正しくは大政天皇です。

国体府を支える軍資金は、妙宗院の話では後醍醐天皇の皇子で鎮西大将軍となった懐良《かねよし》親王が明国から得た勘合符交易権でした。慶長九年（一六〇四）糸割符となり、国体皇統を奉載した千福小野寺氏は本拠を京都において鮫屋と号しました。小野寺久圓一党が代々受け継いで膨大な利益を得、明朝末期には明朝を援助するほどとなりました。

本流は明暦元年（一六五五）四月、徳川幕府の糸割符廃止と、寛文二年（一六六二）、明朝の滅亡によって奥州仙台藩領石巻に本拠を移します。石巻銭座を支配し、裏に千とある「寛永通宝」や「仙台通宝」を鋳銭し全国に通用させました。

江戸末期の幕臣で、勘定奉行・江戸町奉行・外国奉行を務めた小栗上野介《おぐりこうずけのすけ》によって、戊辰戦争の時に幕府の備蓄銀は会津藩領の軽井沢銀山（福島県河沼《かわぬま》郡）に運ばれます。軽井沢銀山で貨幣が造られ、のちに「会津銀判」と呼ばれるようになりました。

福島県河沼郡柳津町《やないづ》の鶴見一郎氏は、次のように証言しています。

「軽井沢銀山で戊辰の頃に貨幣を造ったということは祖父から聞いていたが、実際に現品が存在しているとは知らなかった。言い伝えでは、幕末に銀山に大変高貴な方が一時住まわれ、豪壮な建物が建てられたが、明治二年（一八六九）に取り壊され、その壊した用材の一部で円蔵寺《えんぞうじ》（福島県河沼郡）の庫裏《くり》（僧侶の居住する場所、台所）が建てられたと聞いている」

この貨幣が戊辰戦争における東武官軍の戦費として使われ、その後、莫大な金銀がヨーロッパの悪徳武器商人にだまし取られてしまいます。

兌換券《だかんけん》は、もともとは刷った紙幣と同じ価値の金・銀をその国が持っていなければならない、という裏付けが必要でした。つまり、金銀をたくさん持っている国がたくさん紙幣を刷れるわけです。その意味で、金銀は国力の源でもありました。

戊辰戦争で日本から流失した金は、バーゼル基金と呼ばれ、世界各国の国力の源となっています。

小野寺分流は幕末江州滋賀郡小野村に移って姓を小野氏と称し、安永五年（一七七六）幕府の金銀為替御用達となり、三井組を凌駕しました。渋沢榮一に国立第一銀行設立の誘いを受け、同銀行の資本金三分の一強の金百万円を出資しました。

しかし翌年、番頭・古河市兵衛と渋沢が共謀し明治七年（一八七四）、小野組は破錠。現在の日本銀行本店の敷地は小野組の為替方の敷地でした。

明治政体府は「東武天皇は輪王寺宮」と宣伝した

慶応四年（一八六八）、戊辰の戦争では吉野朝時代の国体府の延臣・仙台伊達氏や一関田村氏、八戸南部氏が南主国体皇統を擁立奉戴しました。同年五月十五日幕府彰義隊に担がれた輪王寺宮《りんのうじ》は江戸の上野戦争で半日の合戦で敗走し、行き先不明の船に乗りました。

船は偶然東北に向かい、常陸沖で難破します。輪王寺宮はそこから会津藩を頼りとし、会津に至ります。

七月二日、輪王寺宮（二十二歳）は米澤より仙台の東照宮仙岳院に着し列藩に令旨を下します。

同四日、政体府の九条総督・羽州久保田に転陣、仙台藩より小姓頭・志茂《しも》又左衛門等を久保田派に遣しましたが、久保田藩佐竹氏は反盟して志茂又左衛門等数人を殺します。

輪王寺宮を利用し、列藩同盟の指導権を得ようとした米澤藩上杉氏と幕府勢力と仙台藩伊達氏との間に三角形の対立が生じ、幕臣・伴門《ばんもん》五郎の提唱で公儀府が設立され、列藩同盟は公儀府派と皇統派とで二派に大きく分かれ、その合体案として「東武皇帝御守衛」案が計画されます。

そうして公儀派の輪王寺宮は軍事総督となりましたが、結果としては船頭多くして船山に登るという結果を招くことになりました。

輪王寺宮一品法親王は軍事総督として白石に出陣し、十三日、安藤信重三万石の平城陥《たいらじょうおち》ち、十六日春、五万石秋田氏破盟し、二十九日、丹羽十万石二本松城陥る、という状況となりました。さらに十七日、政体府江戸を東京と称し、八月一日、相馬反盟し、十一日、駒ケ嶺陥ち、政体府の将士仙台領になだれ込むことになります。

明治二年（一八六九）五月に五稜郭陥落し、「真の東武皇帝は国体府の大政天皇であった」という戊辰戦争の真実が証明されたら、明治政体府は困ります。ゆえに、明治政体府は「東武天皇は輪王寺宮」という宣伝をして、それが成功し、国民はその嘘を信じてしまいます。

国民が嘘に気づかないよう、明治政体府は真実を暴く証拠になるようなものをどんどん破壊していきました。明治二年、明治政体府によって駿河国駿東郡阿野《あのの》庄《しょう》にあった国体府（南朝）の祖先のほとんどの陵墓が壊され、富士沼に投げ込まれたということです。

私の手元にあった過去帳なども、平成五年（一九九三）までは詳しく書いたものがあったのですが、「皇統譜」は虫食い等がひどく修理の専門家を名乗る大川氏に補修を依頼したところ、大川氏は返還したと主張し、皇統譜は所在不明とされてしまいました。

繰り返し述べますが、**東武天皇は私の玄祖父である国体府大覚寺統（南朝）の大政天皇でした。**

大政天皇は仙台伊達慶邦に擁立され、戊辰戦争を起こした国賊とされ、明治政体府から追われました。そこで、出家の体をなして民間に隠れました。

さらに、追及を逃れるため死去したこととなし、自分の墓所を仙台伊達家の東京高輪東禅寺にある墓所の中に目立つように大きく造り、その墓所の中央部には、燦然と輝く十六弁菊花紋金具を正面につけた石棺が置かれていました。

しかし、明治二十三年（一八九〇）官憲により東禅寺の墓は取り壊され捨て置かれたものを伊達慶邦氏の息・宗基氏によって白金瑞聖寺《ずいしょうじ》伊達家墓所内に移され保管されていたのです。

そこに巣鴨西福寺《さいふくじ》に伊達慶邦の墓とともにあった伊達徳六郎の神葬墓碑は白金瑞聖寺に移され、瑞聖寺の伊達家墳墓はすべて仙台に移転されました。

その時に徳六郎の神葬墓碑が立てられたその下に、青銅製の「納骨器」が置かれていたようです。この青銅製容器の本来の用途は、神璽を保管するためのものでした。

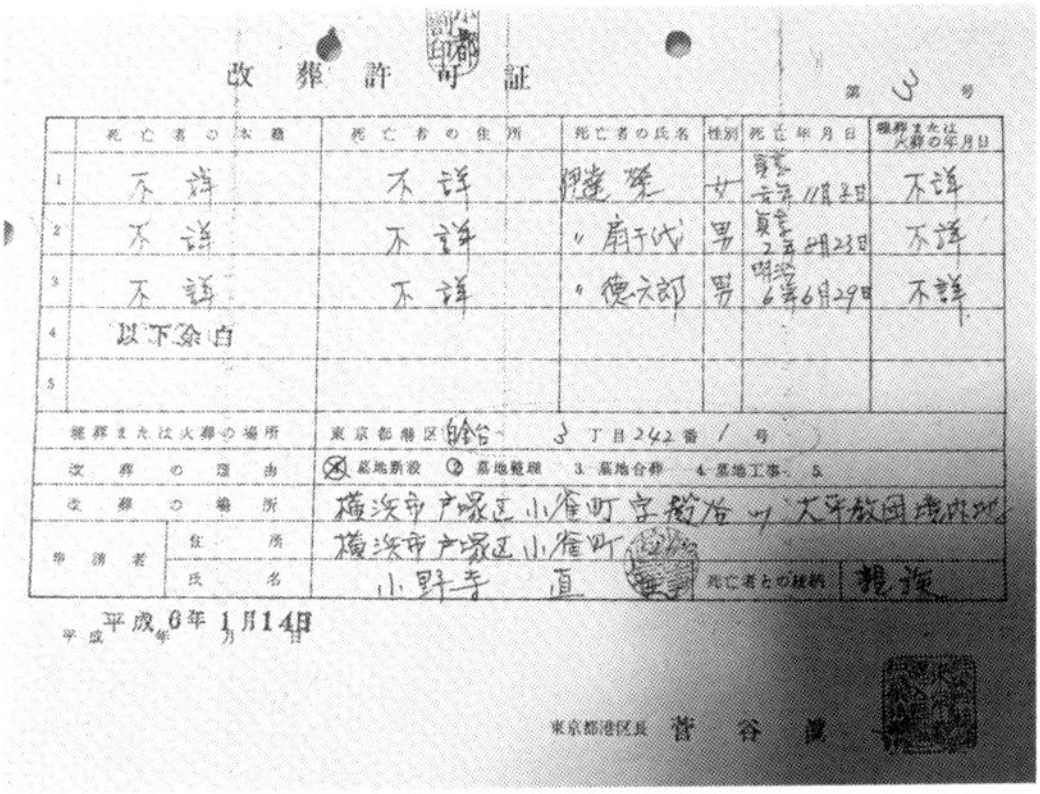

改葬許可証　第３号

	死亡者の本籍	死亡者の住所	死亡者の氏名	性別	死亡年月日	埋葬または火葬の年月日
1	不詳	不詳		女		不詳
2	不詳	不詳		男		不詳
3	不詳	不詳		男	6年6月29日	不詳
4	以下余白					
5						

埋葬または火葬の場所	東京都港区白金台3丁目242番1号
改葬の理由	1. 墓地新設　2. 墓地整理　3. 墓地合葬　4. 墓地工事　5.
改葬の場所	横浜市戸塚区小雀町
申請者　住所	横浜市戸塚区小雀町
申請者　氏名	小野寺　直

平成6年1月14日

東京都港区長

港区から筆者に出された改葬許可証

父・妙宗院から、私がその墓所を相続しました。

平成六年（一九九四）一月十四日に筆者は港区の「改葬許可証」を得て、一月二十一日にその大政天皇の墓所の改葬に取り掛かりました。

ところが、改葬の中途で瑞聖寺から「寺側の納骨の段取りがあるので春の彼岸後にしてほしい」と言われ、寺側の都合で改装は中断させられます。

そこで、彼岸後に工事人に「墓所整備の準

備はどうなったのか」と改めて聞いてみると、特殊工事なので墓石を移動する重機の手配が難しく、もう少しの時間を要するとのことでした。

平成六年七月三十日、筆者は吐き気を催し病院へ駆け込み検査を受けたところ、急性壊死《えし》性膵臓炎《すいぞうえん》と胆管《たんかん》炎・胆のう炎・腹膜炎を併発していることがわかりました。同年八月十五日に開腹手術をし、約半年ほど療養生活を余儀なくされ、若干の時間を労することとなりました。

通称・東武皇帝は日光宮ではない

東武皇帝に関して、現在知られている「仙台藩士旧蔵文書」や「蜂須賀家資料」「菊池容斎写本」には后は仙台伊達慶邦の養女とあり、菊池文書では后の名を「光」とあります。即位は明治元年（一八六八）六月十五日と仙台藩士文書併蜂須賀家の文書にはあり、菊池文書では翌十六日と記しています。

しかしこの時、輪王寺宮はまだ上杉の支配の米澤城内に居し、仙台藩領には至ってはいません。輪王寺宮は六月二十七日、米澤を発ったのです。すなわち、御守衛文書に示されている東武皇帝と称された人物が輪王寺宮でないことは明らかです。

東武皇帝すなわち、大政天皇は退位を易経に寄せ、

亢龍有レ悔
子ノ曰、貴ハ而無レ位　高而無レ民　賢人（伊達一族坂英力五百石と宿老但木土佐千五百石の両者）在下位而無レ輔ケ是似レ動而有レ悔也
不二レ出戸庭一無レ咎。
子ノ曰、乱之所レ生也　則チ言ヲ語レ以為レ階君不サレ密ニ則チ夫ワレ臣。
臣不レ密則失レ身ヲ幾時不レ密則害成是以君子慎ムレ密ニ面不レ出也。
子ノ曰、作レ易者其知盗乎易ニ曰ク負ヒレ且ツ乖致ストレ冠至負也。
者二小人一之事也乖ト二也者君子之器一ニ小人ニ而君子之器盗思テ奪レ之矣

上慢ニシテ下暴　盗思伐レ之矣　慢藏誨レ盗　治容誨レ淫
易ニ曰ク　負ヒ且ツ乖至レ寇至二盗之招一也。
是故ニ二聖人一以通二天下之志一以定ム二天下之業ヲ一以断ズ二天下之疑一。
是故ニ蓍之徳ハ圓。
而神掛之徳ハ方。以知二六友之義一易以貢証人
以此洗心退藏ス於密。吉凶與民ハ同患　神以知来　知以臓往其孰
能與比哉古之聡明叡智神武而不レ殺者夫　是以明二天之道一。而葵於民之故

としています。ここで述べられていることを要約すると、孔子の論を引用し、賢人といえども権力を持たなければ支配権は全体に及ばず、敗軍となる、となります。

他に「東武皇帝御守衛」には大政天皇の皇后「慶邦養女」ともあります。さらに筆者の玄祖父・大政天皇の皇后となられた光子の持参せる品々の目録の一部が現在まで保存されています。

一　獅山君（吉村）　八枚
一　忠山君（宗村）　五枚
一　徹山君（重村）　三十六枚
一　桂山君（斎村）　一枚
一　英山君（斎義）　四枚
一　龍山君　十一枚
合百二十一枚
外ニ
一　英山君古歌　十九枚
惣計百四十枚
一　眞明院殿（斎義夫人）三枚
一　文靖夫人　弐十六枚
内江戸名所　四枚

合計弐十六枚

八月の詔に、「易係辞」として

幾時不レハ密ナラ則
成レス害ヲ
君子以レ此ヲ退テ蔵ス

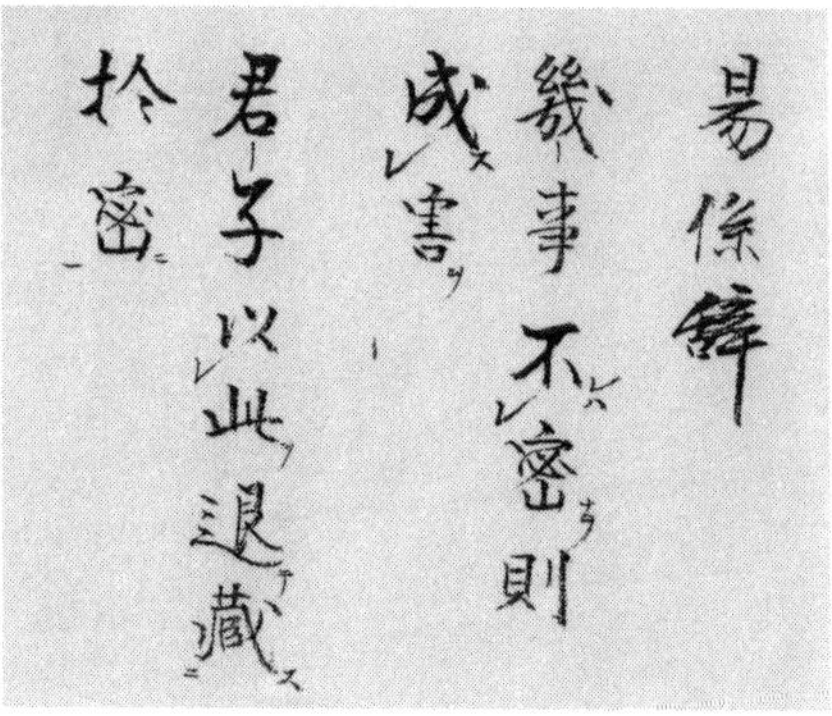

と詔します（上掲参照）、国体の大政天皇は戊辰に崩御なされたとして、江戸高輪の東禅寺仙台藩墓域に壮大な陵墓が設けられました。

実際には易経に「亢龍」とある意を「勇」とし「君子以レ此ヲ退テ蔵ス」の「藏」を取り、「勇蔵《としただ》」と名乗り、国体の正裔、大政天皇は巷間に隠れました。

その栄枯盛衰を土井晩翠が詩にしたのが「荒城の月」であります。

明治政体府が情報操作した記事が『ニューヨーク・タイムズ』に掲載された

仙台藩主・伊達慶邦は巷間に隠れた太上皇に登米郡内の地、御貴田・小林・原・新田・佛子・沼・小島等の七ヶ邑を隠居料として与えたと伝えられています。知徳院太上皇はその地に長子勇五郎（証通院）を置き、自らは寂光院と称して江戸に遷幸します。その間に戊辰合戦は九月二日に米澤十五万石支配の上杉氏が明治政体側に下りました。

当時諸外国の関心事であった**東武天皇を諸外国に承認させないために、明治政体府側で意図的に作成された文章が『東武皇帝官僚名簿』であり、諸外国に対しての情報操作として明治政体府側が故意に流布させた偽造文章により、明治元年（一八六八）十月十八日付『ニューヨーク・タイムズ』には、「現在、日本には二人の帝がいる」と報道されています。**

JAPAN.

Northern Choice of a New Mikado—Persecution of Christians—Anti-Foreign Sentiment—Americans in the Japanese Service.

The most important item of political news from Japan is the election by the Northern or Tycoon faction of a new Mikado, Oceno Mia Sama, one of the high priesthood. By this action there are now two Mikados in Japan, the former Mikado still holding power in the South. The Japan Gazette says: "The explanation we receive of the appointment of a new Mikado is, that it is not absolutely to displace the other, but as an authoritative chief to direct the action of the Northern combination, who still, if we understand aright consider the original Mikado as the true head of the country. Oceno Mia Sama is his uncle. It is he, and not Arisugawa Mia Sama, who first came to Yeddo to arrange matters for the new Government; but who, when he saw the real state of feeling among the people, upheld the right of the Tokugawa, and originated the demand on the Mikado that he should return to Kioto, and confine himself to his proper functions. We do not quite clearly comprehend all explanation given us, but it seems to be the opinion of Japanese who are well educated and generally well posted in the politics of the day, that he will act independently—issuing orders and conferring dignities and appointments, but that when all is attained for which the Shin-Kanguna fight, he will again become simple Mia and place all the power in the true Mikado's hands.

1868年の『ニューヨーク・タイムズ』原文。
東武皇帝を「New Mikado」と報じている。

「日本からの政治的ニュースのもっとも重要な事項は高僧の一人である小野宮様、または大君（徳川慶喜）の徒党の新帝による擁立、この動きにより現在、日本には二人の帝がいる」

　ここでいう二人の帝とは、もちろん、明治大行天皇と東武皇帝のことを指しています。全体的に内容が混乱していますが、この記事は決して外国人記者が勝手に想像して書いたわけではありません。明治政体府の発表と日本の新聞の記事をもとに書かれたものです。

　我が国の帝はヨーロッパの諸国と異なり、日蓮大聖人が『法華取要抄』に、

「天に二日なく地に二王なし」

とおっしゃる通りで、三種の神器の正統な所持なくしてはその即位は認められません。

この報道は、日本の国史を編修せんとした右大臣・三條実美《さねとみ》にとって重大な問題となり、一時「修史館」の開設を停止し、東武天皇の出目血統を徹底的に調査しました。そうしたところ、後醍醐天皇の嫡流血脈であることが判明しました。その位置付けが確定するまでは修史の編纂は停止されることになりました。

南主・小野寺戸籍は勇一郎の母の入籍から始まる

明治二年（一八六九）四月には国体府の主な志士たちは切腹、翌月には東武皇帝の后、光子の姉・福の夫で戊辰時の仙台藩執政・但木土佐成行《ただきとさなりゆき》や坂英力時秀《さかえいりきときひで》は東京で討首の刑とされます。両者ともに高輪東禅寺に設けられていた東武皇帝陵墓の前の下段にその墓は造られたのです。

伊達慶邦（楽山）は同二年九月二十日、明治政体府から謹慎を免ぜられました。

こうして時代の流れのうちで知徳院太上皇は、木は森に隠せの喩えの通りに、熊野の地より東京に戻り、后浄照院光子が生活していた駒込染井の伊達楽山邸に御幸します。

同五年、夫人・浄照院光子との間に一子をもうけましたが、太政皇の戸籍は存在しなかったので、光子の養父・伊達楽山の実子として入籍されました。しかし、伊達家内の政体側がそれを知るところとなって翌六年六月二十九日夭折とされ、梅獄院殿として葬礼が行われました。

しかし実は実父・知徳院（大政天皇）に引き取られ、明治二十四年（一八九一）に小野寺戸籍を設けるとともに名を徳六郎から勇一郎と改め、勇五郎の実子として戸籍に入られたのです。

現在の南主・小野寺戸籍は明治二十四年十一月、勇一郎の母よしの入籍から始まります。それ以前の戸籍は調査の結果まったく存在していないことを知りました。

ただし、妙宗院の父浄光院・昭和十五年（一九四〇）十二月十五日崩御（行年六十九）の祖父が勇蔵《としただ》と称していたことと勇蔵の長男・証通院が嘉永二年（一八四九）三月拾（十）日、降誕したという記載があり、大正十一年（一九二二）八月二十五日に崩御（行年七十九）したことが判明しています。

証通院の父・勇蔵に関しては戸籍に名を留めているのみで詳細は一切不明ですが、位牌には高源院殿《こうげんいんでん》蔵鋒《ぞうほう》知禪《ちぜん》大居士明治二十七年正月三日とあり、行年は記されていません。夫人は浄照院秋月光妙月清大姉明治十二年七月十一日とあって、行年は記されていませんが、高源院に関しては勇蔵と名乗った理由を記した文書が数通残されていました。

それには、仙台藩主・伊達慶邦が、立春に寄せて、

「陽春迎暖雨斉光新《ひかりあらた》
其色尚《そのいろなお》青其徳レ仁《人をいつくしむ》
天之徳浄同人事《志を同じくする》
……」

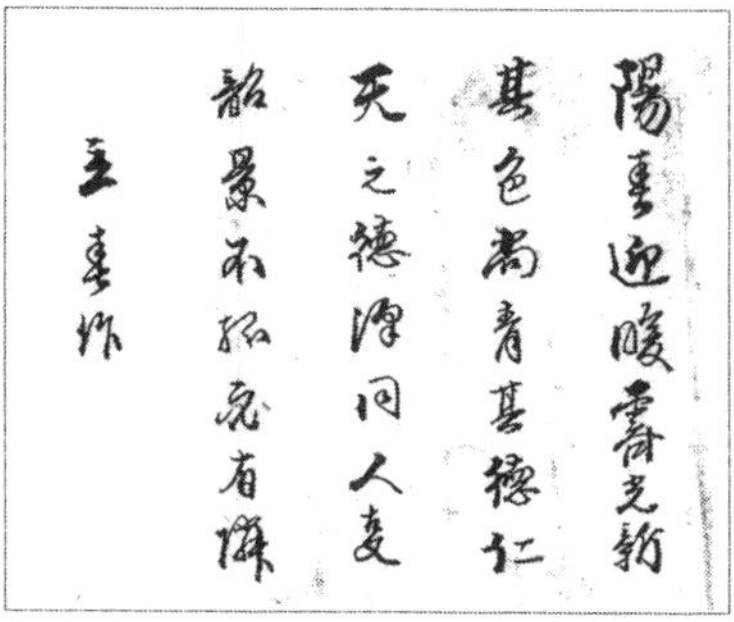

仙台藩主・伊達慶邦が大政天皇に奉戴した辞

檀上の大政天皇の復元供養碑

妙宗院様御尊父・浄光院の葬礼（於・東京麻布邸）

と大政天皇の徳を讃えています（右上参照）。
のち知徳院と号し、巷の人々は東武天皇と称しました。
祖父は崩御の寸前、アイスクリームを食べたいとつぶやき、雪の舞う中に孫の貞子が使いに走り帰参し食べさせたそうです。

昭和十五年十二月十五日、祖父は東京麻布本村の小野寺邸で行年六十九で崩御しました。

戊辰の二人の天皇問題で元老院が開設された

明治二年（一八六九）四月四日、内閣に修史局を設け、修史総裁となった明治政体府の右大臣・三條実美氏がこの通称・東武大政天皇を調査した結果、東武天皇は後醍醐天皇の嫡々にあたることを知ります。そこで、「修史局」を閉鎖したのです。

問題解決のために明治八年、元老院を開設し、二年後に「皇位継承論」を作り、「皇位に正位・不正位の別在ると詳論し」、皇位継承について、「神器の授受をもって正統の所在とする」と議決しました。

そこで参事院議官・福羽美静《ふくばびせい》氏は、「内閣に顧問局を置き国体に関する調査を為し、もって憲法制定準備に資すべき」という言上をしました。

同年十二年五月二十八日、太政大臣となった三條実美氏は再度「内閣修史館」を興し総裁に就任。皇位の絶対的璽である「神器」に関して調査しました。しかし政体側の継承の歴史は明確となりませんでした。

国体大政天皇の皇后となった伊達光子は同年七月十一日崩御しました。法名には「浄照院秋月光明月清大姉」とあります。

同十六年四月二日、修史編纂の精神を、

「歴代大権の変遷の次第を明敍して治乱（公武南北）の由るところを鑑識せしめ、皇位の万世一系にして国体の特別なる所以を彰明せんことを要《もと》む」

とし、同月七日宮内省に編纂局を設けます。同年十二月十一日、百有余巻となる『大政紀要』と名付け、そこに「長禄元年（一四五七）十二月をもって南朝終焉」と記させせました。

それは、嘉吉元年（一四四一）将軍足利義教を殺害し改易とされた播磨・美《みま》作《さか》・備前三ヶ国守護の赤松満祐《みつすけ》の家臣残党が命をもって吉野に忍び入り、この長禄の年に「神器」を奪い取らんがため吉野の国体の一宮・二宮を殺害したと赤松残党の『上月記』に記載された記事に基づいていました。しかし政体側の後報恩院関白九条経教の子息で大和国興福寺大乗院門跡となっていた大僧正経覚の『日記』に記載されている内容とは事実記載が相違し、『経覚日記』には「一宮ハ奥逃引籠ラレル」とあります。

公的史実の資料として採用された『上月記』は赤松再興の恩賞を当てにして記されたものであり、経覚の『日記』は公平な立場において記録されたものです。そうして三條実美は『大政紀要』の凡例に、「但し北朝五帝は帝と書し天皇と称せずもって正閏《せいじゅん》の別を明かす」と記しました。

大政大臣兼内閣修史館総裁・三條実美は南朝に思いを馳せて

よしの山　むかしの春のあわれさを
つきと　はなとに　とふこよいかな

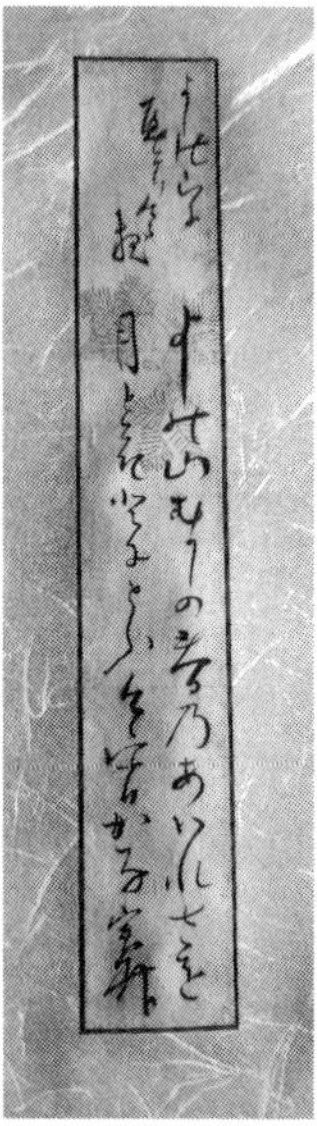

と詠みました（上参照）。『大政紀要』編纂にただ一人旧堂上《どうしょう》華族として編集御用取り扱いとして参加した子爵・平松時厚に寄せられました。

当然、よしの山とは後醍醐天皇の吉野朝廷を示し、この短冊は昭和十七年（一九四二）時厚の孫、子爵・時善が妙宗院の姪・貞子との婚約時、子爵平松家より妙宗院に献納されました。染筆者の三條実美は平松時善の外祖父にあたります。

神宮司庁編纂の『古事類苑』にも、「南朝が正流」と記載された

東京にあった仙台伊達家の墓所はすべて明治二十三年（一八九〇）仙台に改葬され、芝白金の瑞聖寺に駒込西福寺から同年に移葬された伊達徳六郎の墓碑は神

葬形に改められました。その墓碑は「伊達」で折れ「徳六郎之」でまた折れ、「墓」とあります。

あたかも本来、徳六郎は「伊達」ではなく「徳六郎之」は夭じていないと示すが如く割り、それを接いで「墓」となっており、瑞聖寺の旧伊達家墓域内に建てられていました。

明治七年（一八七四）、五十歳をもって卒した徳六郎の父とされている伊達慶邦の駒込西福寺にあった墓は、明治二十三年の仙台伊達家の大年寺墓所に改葬されました。白金瑞聖寺に所在した伊達綱村の子・扇千代や榮の両墓も、同年仙台の小田原小松島の伊達家墓所に改葬されています。

伊達徳六郎の墓碑

慶邦氏も時の事情から考察すると、戊辰の実態を隠密するため、政体側に殺害された可能性もあります。

瑞聖寺内の旧伊達家墓所には高輪の東禅寺で明治政体府によって破壊された知徳院太上皇の陵墓石が伊達慶邦の嫡子・宗基氏によって運ばれ、旧扇千代併に榮の墓室にそれを埋葬していたのです。

あたかも明治政体府の権力に追われ散りぢりになった父と子を示すが如くに、しばらくして伯爵伊達宗基氏の弟・邦宗伯爵より当墓所の管理権は父・妙宗院に返還されました。

平成十五年（二〇〇三）、（ワ）二九八一九号東京地方裁判所民事第十八部で争った実態の内容は徳六郎こと小野寺勇一郎出生の時の「胞衣《えな》」であり、当時、南主皇には戸籍がなく、戸籍をもっての証明が不可能だったのです。すなわち、裁判官の「その紛争につき判断するまでもなく」という判決理由にすべてが隠し込められてしまいました。

維新時の国体天皇の存在は、明治政体府が一切消し去らんとしましたが、世論との関係からか、東京大学編年史編纂において『国史譜』の記録は「南朝を正統と為す」との明治大行帝の勅裁をもって決定しました。

神宮司庁編纂の『古事類苑』にも、「南朝をしての皇統の正流」と記載され発表されました。それは後醍醐・後村上・後亀山の各天皇時代（一三三六〜一三九二）と明治戊辰（一八六七）の時と問題の内容を入れ替えていたのです。

国体南主皇、大政天皇の息・証通院は同二十四年十二月二日四十四歳で退位。浄光院が神器を継承しました。しかし、国体の正統天皇である南主皇は明治政体府側から大きな弾圧を意識的に加えられ続けました。

戊辰の東武天皇こと大政天皇は政体年号の明治二十七年正月三日崩御され、仏式葬をもって法号を高源院殿藏鋒知禪都正位といいます。

同年の五月、伯父の象治は浄光院の長子として誕生、父・妙宗院（象一郎）は、政体府の明治三十年九月に降誕しました。妙宗院による祖父の思い出は、証通院は自己を「伊達・田村他人ならず、小野寺様のお通り」と称し、大道を闊歩していたというものです。この話は大変有名だったようです。貧者に会えば持っている物のすべてを提供し、家に戻っては金箱を持ち出し与えてくるという性格の人だったようです。

伯父・象治は証通院を反面教師として倹約家になったと思われます。妙宗院はこの祖父・証通院や父・浄光院の性格と体型を受け継いだようです。

第3章

近代以降も皇統の錯覚は続く

近代日本国家は幕末の皇統の錯覚から始まった

近代日本国家は江戸幕末の維新運動の皇統の正閏《せいじゅん》問題の錯覚と、尊王攘夷という感覚で成り立っていました。

皇統の正閏問題は、実は明治元年（一八六八）の戊辰戦争が発端であり、明治政体府はその実態をより不明確にするために明治十五年に南北朝時代なるものを創出して、同三十六年に国定教科書制度を創りました。

しかしその教育の内容は国民感情を呼び起こし、その結果、明治政体府が一時南北朝時代と称した時代を正統な国体皇統の所在として吉野朝時代とすることが政体府より布告されました。

現在の政体は共産思想の実存主義で成立し、ゆえに今日マルクス主義の史家においては南北両朝の並立としていますが、我が国の皇位は「三種の神器」の正統な伝持をもって確立されています。「天に二日なく地に二王なし」と古来言われ、天皇の並立は絶対に成立し得ません。

政体の象徴として室町幕府により皇族が奉戴され、政体側の象徴の役を担った皇族の余流は存在しましたが、皇位は国体として今日まで連続されてきたのです。江戸期幕末から明治政体期の歴史教育によって大日本国体の根本が歪められてしまい、その上に立ち成長した人格思想に種々の行動の正しい判断が欠如される今日を作り出しました。

すなわち、後嵯峨上皇の御素意《ごそい》に「亀山院被を正統とす。天に二日無く地に二主これ無き故なり」とあります。

歴史的結果は迭立《てつりつ》（交互）という即位は大覚寺国体皇統の後宇多天皇の後、弘安十年（一二八七）持明院統の伏見が即位するというものです。伏見は『後深草上皇御事書三箇條』を著しましたが、それには、「治世事、奮院（後嵯峨）御素意、内裏は新院（亀山）とこれなすべしと思し召すのむね（以下略）」とあります。

それを伏見は「世上浮説《ふせつ》といえども實正《しんせい》を知らず」（伏見天皇筆録）と強引に

弾き、鎌倉幕府に媚びて、皇位の継承問題に幕府を介在させ子息の後伏見に継承せしめました。

国体亀山天皇による熙仁《ひろひと》親王の処遇に対して熙仁親王が亀山天皇に行った行為は当時の有識者から「その心は人に非ず犬の如し」と言われ、伏見、即ち「犬人を見るが如し」と呼ばれたと伝えられています。

明治三十六年、第一次桂内閣の国定教科書制度の創始において、「皇統順位を明記しうる時期至るまで姑《しば》らく両朝の正閏軽重に触れざるを探る」との方針を立てます。同年編集の国体教科書『小学日本歴史』は第二南北朝の頃に、

「これより同時に二天皇あり、吉野の朝廷を南朝といひ、京都の朝廷を北朝といふ。かくて宮方・武家方の争いはつひに両皇統の御争の如くなれり」

との見解に立ち編集刊行されました。

問題の当事者となった喜田貞吉氏による昭和八年（一九三三）の『還暦記念六十年之回顧』の中に、

「後花園天皇は御即位前には単に一諸王として後伏見天皇からは所謂五世王の御身分となる。

大宝令の制定によれば『五世王は王の名を有すると雖も、皇親の限りにあらず』とある。

修正教科書には大宝令の規定に従って、崇光・後光厳・後円融三天皇の親王号をも認めず、之を諸王の列に下し奉って居るのである。（中略）

然らば後花園天皇は、皇親にあらずして即位し給うた事になる」

と記しています。

すなわち、これが実態で、現代に至っている政体皇統の初代はすでに皇位を継承する資格のまったくない人であったと喜田貞吉博士は述べているのです。

この教科書問題に端を発して、国民の中に自然と大義名分が論じられるようになりました。明治四十四年（一九一一）二月二十三日の帝国議会衆議院秘密会において国民党総理犬養毅氏からは、

「此明治維新ト云フモノハ何デナッテ居ルカ、明治維新王政復古ハ確ニ南朝ヲ正統トスルトコロノ精神ノ活動デアル。

此活動ハ政治ノ萬般ノモノニ現ハレテ基礎ガチャント打立《うちた》テラレテ居ルデハナイカ、何ヨリ證據《しょうこ》、斯《その》ヤウナモノガアル、茲《ここ》ニ皇位継承篇ト云フモノガアル、皇位継承篇ナルモノハ如何《いか》ナルトコロデ出来タカト云フト是ハ元老院ノ官撰デアルガ前ノ有栖川宮殿下ノ題字ヲ賜ッテ居ルモノニハ之ニハドウナッテ居ル、餘程《よほど》餘程過激ナ文字ガ使ッテアル、北朝ハ不正位、北朝ニ對シテハ不正位トシテアル、官撰デ即チ政府ノナサレタモノデアル、モウ一ツハ大政紀要ト云モノガアル、此大政紀要ハ岩倉公爵ガ勅ヲ奉ジテ編纂サレマシタ、此中ニハ、現ニ生存サレテ居ルトコロノ山縣公爵ハ其事ヲ監シ加ハラレテ是は勅撰デアル、元老院デ出来タモノヨリカモウ少シ大キナモノデ、此勅撰ニハドウ云フコトガアルカト云フト南朝正統ト云フコトハ明ニ定メラレテアル。

北朝ノ分ハ唯帝ト称スルバカリ天皇トハ称セナイ（以下略）」

との決議案の説明がなされました。しかしすでに戊辰時から四十四年の幾月を経過しており、戊辰時に正統な国体天皇が仙台藩に奉戴されていたことを知る人々は少なくなっていました。

明治政体府の中でそれを知る人々は戊辰戦争に参戦しその要となっていた人々と、右大臣三條実美氏の修史調査に参加した少数の人たち、そして明治八年に設立された「元老院」の議官に任命された人々だけでした。

明治政体府の華族制度で華族に任命された人は当然明治政体側の従属者であるから、戊辰時に国体皇統の出現という問題を回顧し発表する人などは存在しません。ほんの少数の人々がこの事実を認識しながらも黙認していたのです。

論者たちの南朝正統意見はどのようなものだったか

時代の落ち着きとともに皇統の「国体」と「政体」の取り違いが次第に判明し、

政体府では政治上、その問題を解決しなければならなくなりました。

当時の南朝正統論の急先鋒者は文学士・内田旭氏および三塩熊太郎氏で、南朝正位に立つ「大日本国体擁護会」が設立され、皇統の大義が盛んに論じられました。

当時の代表的人々の南朝正統意見は次の通りです。

法学博士・副島義一氏説「脅迫による神器授与は、法律上の効力は生じない」
伯爵・大木遠吉氏説（後に貴族院議員・司法大臣・鉄道大臣に就任）では、「維新後の朝廷がこれを確定している。すなわち、元老院で出版した皇位継承編には、南朝を正統とし北朝を不正位としてある。北朝は偽朝だから吉野朝に対して北朝と称することを得るも、吉野は正統の朝廷だから南朝の語を用いるわけにはいかぬ」
国民党代議士・犬養毅氏説（後内閣総理大臣に就任）「神器の所在をもって、我が皇位の所在とせる皇位継承の大則」
松平康国氏説「皇統は、祖宗の伝へさせ給ひし皇統であって、北朝の皇統ではない」

内田周平氏説「皇統復古の偉業は、近古三百年間南朝正統論の発展より来る」
文学博士・黒板勝美氏説「後醍醐天皇はどこまでも光厳天皇の存在は認められなかった」
文学博士・姉崎正治氏説「国体と名分をもって」
文学博士・井上哲次郎氏説「国体上より南朝の正統、即ち万世一系の天皇を統治するというのが我が国体の存ずるところ」
文学博士・市村瓚《さん》次郎氏説「脅迫や圧迫による譲位は認められない」
貴族院議員・男爵正三位勲一等、目賀田種太郎氏説「皇統は、祖宗の神器を承《う》くるの大義」
大審院判事・男爵、北畠治房氏説「三種の神器は、国祖以来天皇御即位の立証であった」
水戸市教育委員会会長・菊池謙二郎氏説「万世一系の皇統にして、正統に三種の神器を伝える御方が正天子」
子爵・秋元興《おきとも》朝氏説「権臣の都合で位を天子に譲らしめ、権臣の都合で立てた天子を正統と認める日には、我が国の国体は根底から破壊される」
陸軍中佐・田辺元次郎氏説「賊臣がその利欲を為すの手段として、私に擁立したところの勲位が正統の皇位継承者にあらざることは、一点の疑義も容れぬところである」
杉浦重剛《じゅうごう》氏説「南朝の正統たることは、大日本史具に解明するところ、而して、その解明はまた主上の是認し給うところ成りとせば最早議論の余地は存ぜざるに非ずや」
元陸軍大臣・子爵、高島鞆之助《とものすけ》氏説「事実、南朝は正統である」
男爵・牧野伸顕氏説「すでに、天日の彰平として明らかな如く、始めから定まっている」
国民党代議士・福本誠氏説「皇祖の神誓、推古天皇の憲法及び文武天皇の大宝令にするも、南朝正統は動かすべからず事実」
政友会代議士・東武《あずまたけし》氏説「明治九年、元老院にて勅定をもって編纂された皇室御系図にも北朝を掲記せず、また岩倉公が勅命を奉じて纂輯したる『大政紀要』

にも、明らかに南朝正位と決定している」

　他に著名な南朝支持者としては、

貴族院議員、正三位・勲二等、伯爵、松平頼寿《よりなが》氏（昭和十二年に貴族院議長就任）

日本弘道会会長、正二位・勲一等、伯爵、徳川達孝氏

早稲田大学講師・牧野謙次郎氏

国語調査補助委員・山田孝雄氏（神宮皇學館創設者）

東京市富士前小学校長・峯間信吉氏（東京商科大学予科教授）

文学博士・読売新聞主筆、三浦周行氏

文学博士・笹川臨風《りんぷう》氏

教科用図書調査委員、法学博士・穂積八束《やつか》氏

内閣総理大臣・大勲位・伯爵、大隈重信氏

陸軍中将・元学習院院長・枢密院顧問・子爵、三浦梧楼氏
枢密院議長・正三位・功一級・元帥・大勲位菊花章頸飾・公爵、山縣有朋氏
元枢密院書記官長・元黒田内閣書記官長、小牧昌業《まさなり》氏
小石川小学校長・神蔵幾太郎氏
政友会代議士・橋本次六氏、政友会代議士・戸水寛人氏
政友会代議士・渡辺勘十郎氏、政友会代議士・高山長幸氏
政友会代議士・小久保喜七氏、政友会代議士・奥田榮之進氏
政友会代議士・山本悌二郎氏、政友会代議士・望月圭介氏
政友会代議士・中村啓次郎氏、政友会代議士・宮古啓三郎氏

等の他、多数の人々が知られています。

明治四四年（一九一一）一月十九日の『読売新聞』の一面「論議」に、「南北朝対立問題（国定教科書の失態）」との社説が掲げられました。これに続いて、主筆の笹川臨風氏は二月十五日から

十七日に、

「南朝史は国史の精華なり、南北朝対立説を破す」

という記事を書きました。

同年二月十九日の読売新聞「論議」で「南朝正閏問題の決」、同月二十一日の同紙「論議」で「政治家の悪辣手段」、翌二十二日の同紙「論議」で「歴史教科書の改訂如何」をとりあげ、文学博士・姉崎正治氏が二月二十三日に「南北朝問題に関する疑義並に断案」を寄稿し、同二十四日「南朝正統論の史家」を笹川臨風氏が筆。

大阪府郡部選出の国民党衆議院・藤沢元造代議士が次のような質問書を提出しました。


「文部省は神器をもって皇統に関係なしとするか。

文部省は南北両朝の御争いをもって皇統の御争いとなすか。

文部省は南朝の士、正成以下をもって忠臣となすか。

文部省は尊氏をもって忠臣となすか。
文部省は編纂にかかわる尋常小学校用日本歴史は順逆正邪を誤らしめ、皇統の尊厳を傷つけ奉り、教育の根底を破壊する憂いはないか」

この質問は、

河野広中氏（福島五区選出、明治二十五年衆議院予算委員長、同三十六年衆議院議長）
大竹貫一氏（新潟三区選出、新潟県会議員）
小泉又次郎氏（神奈川二区選出、衆議院副議長・小泉純一郎元内閣総理大臣の祖父）
佐々木安五郎氏（東京八区選出、台湾民報主筆）

をはじめとした五十一人の賛成を得たこともあり、南北正閏問題は、「帝国議会」

で大問題となりました。

藤沢代議士は内閣総理大臣・桂太郎侯爵の懐柔で、質問当日の二十六日に突然、代議士を辞任し、質問を撤回しました。しかし「国民党の問責案」として、国民党は例の大逆事件と教科書事件とを併せて、一つの弾劾的議案を作成して議院に提出します。

そこで、問題は更に重大となり、国論は一層沸騰し、今にも意外の珍事できかねまじき状勢となりました。

帝国議会で正閏論争が交わされる

明治四十四年（一九一一）、

「二月二十三日の本会議は、斯の問題を議すべき当日であったため、午前より聴衆は院の内外潮の如く押し寄せ、内閣各大臣及び当局者は恐惶狼狽を極めて八方に駆け廻る」

と、政友会の東武代議士は『南山餘録』にその状況を記録しています。

二月二十一日、岡山二区選出の元文部大臣・国民党総理の犬養毅氏は自ら、「南北朝問題弾劾決議案」を高知郡部選出の元農商務大臣・大石正巳氏、福島五区選出の元衆議院議長・河野広中氏とともに議会に提出しました。

賛成者

（東京府東京市）　藏原　惟郭（帝国教育界主幹）
（東京三区）　高木益太郎（弁護士、法政大学理事）
（東京郡部）　守屋　此助（弁護士、法政大学理事）
（東京四区）　関　直彦（弁護士、貴族院勅選議員を経て大正元年八月任衆議院副議長）
（東京五区）　高木　正年（東京府議会議員）
（東京八区）　佐々木安五郎（台湾民報主筆）

（大阪府大阪市）　日野　國明（大阪弁護士会長）
（神奈川一区）　島田　三郎（明治二十七年十月、任衆議院副議長）
（神奈川二区）　小寺　謙吉（神戸市長）
（兵庫県神戸）　野添　宗三（神戸弁護士会長）
（兵庫郡部）　内藤　利八（兵庫県議会副議長）
（兵庫郡部）　鹿島　秀麿（播但鉄道社長）
（兵庫郡部）　肥塚　龍（衆議院副議長）
（兵庫郡部）　佐野　春五（神戸弁護士会長）
（兵庫郡部）　竹田　文吉（兵庫県議会副議長）
（兵庫三区）　水野　正巳（神戸市議会議員）
（長崎県長崎市）　鈴木　力（東洋日の出新聞社長兼主筆）
（長崎郡部）　倉光　藤太（壱岐実業副会長）
（新潟郡部）　佐藤　貞雄（新潟県議会議長）
（新潟郡部）　高橋　文質（高田新聞社長）

（新潟郡部）　山田　又七（宝田石油社長）
（新潟郡部）　関矢橘太郎（小千谷石油社長）
（新潟五区）　長場龍太郎（新潟県議会議員）
（新潟六区）　坂口仁一郎（新潟新聞社長）
（長野郡部）　久保田与四郎（弁護士・長野県議会議員）
（埼玉県）　福田　又一（弁護士、東京市議会副議長）
（埼玉県）　卜部喜太郎（東京弁護士会長）
（埼玉六区）　加藤政之助（埼玉県議会議員・東京家畜市場（株）社長）
（群馬郡部）　中島　祐八（群馬県議会議員・上野新聞創立）
（千葉県）　藤代市之輔（弁護士・検見川町長）
（千葉六区）　関　和知（大正十三年加藤内閣任陸軍政務次官）
（茨城郡部）　木村格之輔（弁護士・茨城県議会議員）
（茨城四区）　大津淳一郎（茨城県議会議員）
（栃木郡部）　津久居彦七（多額納税貴族議員）

（栃木県宇都宮市）石田仁太郎（弁護士・栃木県議会副議長・栃木県弁護士会長）
（栃木郡部）関田嘉七郎（栃木県議会議長・足利織物同業組合長）
（奈良郡部）森　正（中央商業銀行頭取・三輪素麺同業組合長）
（京都一区）片岡直温（貴族院勅選議員を経）
（三重二区）濱田國松（大正六年六月、衆議院副議長）
（愛知郡部）鈴木仙太郎（弁護士・愛知県議会議員）
（愛知郡部）鈴置倉次郎（小栗銀行理事・文部政務次官）
（愛知郡部）三浦逸平（三河鉄道（株）取締役）
（静岡郡部）森田勇次郎（静岡民友新聞主筆）
（静岡郡部）高柳覺太郎（弁護士・浜松市長）
（静岡郡部）河井重藏（静岡県議会議員）
（山梨郡部）根津嘉一郎（貴族院勅選議員を経）
（山梨郡部）天野董平（弁護士）
（滋賀郡部）武田貞之助（弁護士）

（滋賀郡部）　藤井　善助（滋賀県農会長）
（岐阜郡部）　松野祐次郎（弁護士・岐阜県議会議員）
（宮城一区）　藤澤幾之輔（貴族院勅選議員・第一次若槻内閣商工大臣・衆議院議長）
（宮城一区）　村松亀一郎（弁護士・宮城県議会議員）
（宮城郡部）　首藤　陸三（仙台師範学校校長・宮城県議会副議長）
（宮城五区）　澤　來多郎（東北義塾創設・仙台新聞社発行）
（福島二区）　鈴木　寅彦（日本曹達（株）社長・北海道瓦斯（株）会長）
（福島郡部）　平島　松尾（福島県議会議員）
（岩手二区）　柵瀬軍之佐（東京毎日新聞編集長・大倉組台湾総支配人）
（青森県弘前市）　石郷岡文吉（青森県議議会議長・弘前市長・青森県山林協会幹事長）
（青森郡部）　小山内鐵彌（青森県議会議長）
（青森郡部）　市田　兵七（青森県議会議員・木造両盛銀行頭取）

（青森郡部）　竹内　清明（北東証券（株）社長）
（山形郡部）　國井　庫（弁護士・山形新聞社長）
（山形郡部）　加藤　正英（山形県議会議員）
（山形郡部）　池田藤八郎（山形県議会議員）
（秋田郡部）　荒谷　桂吉（秋田県議会議長）
（秋田七区）　添田飛雄太郎（秋田県立中学校長）
（秋田五区）　齋藤宇一郎（秋田県教育会長、秋田県町村会長）
（富山郡部）　岡崎佐次郎（婦負郡議会議員、郡教育会長）
（富山郡部）　西能源四郎（富山県議会議員・両鉱銀行頭取）
（富山郡部）　神保　東作（富山県議会副議長）
（岡山県岡山市）　服部　綾雄（私立金川中学校長）
（岡山郡部）　入江武一郎（弁護士、岡山県議会副議長）
（岡山二区）　西村丹治郎（第二次若槻内閣任農林政務次官）
（岡山郡部）　坂本金彌（鉱業主）

（広島七区）　金尾稜厳（富山県知事・島根県知事）
（愛媛三区）　村松恒一郎（新聞記者・著述業）
（高知郡部）　仙石　貢（工学博士・第二次大隅内閣任鉄道院総裁・鉄道大臣）
（高知一区）　富田幸次郎（高知新聞社創立・任衆議院議長・議員制度調査会副長）
（福岡郡部）　藤崎　朋之（弁護士・高知県議会議員・高知市長）
（福岡郡部）　福本　誠（著述者）
（福岡郡部）　的野　半介（九州日報・関司新報社長）
（福岡三区）　大内　暢三（東亜同文書院大学長）
（大分一区）　箕浦　勝人（宮城県師範学校長・任衆議院副議長・逓信大臣）
（大分三区）　木下謙次郎（貴族院勅選議員を経）
（大分県）　佐藤　庫喜（大分県議会議員・大分県産牛馬組合長）
（佐賀県佐賀市）　豊増龍次郎（弁護士・佐賀市議会議員・佐賀市弁護士会長）

（佐賀二区）　武富時敏（明治三十一年大隅内閣任書記官長・大正三年任逓信大臣）

衆議院議員全三九八名のうち、以上の八十八名が「南朝正統」に署名し提出しました。しかし多くの南朝正統に同意した議員たちにとっては、すでに明治元年戊辰時の南北対立事件は明治政体府の策略によって二、三の人以外、認識の外にあったのです。

「南朝正統」の閣議決定を政体天皇も認証した

第二次桂内閣の閣議で「南朝正統」を議定し国体皇統問題の一部は解決を見ました。すなわち、二月二十八日、桂内閣総理大臣は明治政体帝に、

皇統ヲ明記スル場合ニ於テハ、後醍醐天皇ヨリ後小松天皇ニ至ル間ノ皇統ヲ
後醍醐天皇
後村上天皇
後亀山天皇
後小松天皇
トシ光厳、光明、崇光、後光厳、後円融ノ各天皇ハ御歴代中ニ記載セザル事トシ（中略）
追テ史家或ハ後村上天皇ノ次ニ長慶天皇ヲ加フルモノアリト雖、長慶天皇ノ御在位ニ付テハ、史家ノ（長慶天皇の）御在位ニ付テハ、史家ノ議論一定スル所ナク（中略）
他日御在位ノ事実判明ノ場合ニ於テ御歴代ニ加ヘラルコトニ併セテ聖裁ヲ仰カレ度《たく》
（ここで長慶天皇と論じ称された天皇は古記録や国体府では招慶天皇と記さ

れている）

の上奏を為し、政体の宮廷は三月一日枢密院に諮詢《しじゅん》し、同日午後一時二十分開議となりました。

議長・元帥・貴族院議員　公爵　山縣有朋
副議長・伯爵　東久世通禧
総理大臣兼大蔵大臣・貴族院議員・侯爵　桂太郎
外務大臣・伯爵　小村寿太郎
内務大臣・貴族院議員・男爵　平田東助
司法大臣・貴族院議員・子爵　岡部長職
顧問官・海軍大将・伯爵　樺山資紀（元内務・文部大臣）
顧問官・伯爵　芳川顕正（元文部・司法・内務・逓信大臣）
顧問官・男爵　細川潤次郎（元東宮大夫）

顧問官・男爵　九鬼隆一（元帝国博物館総長）
顧問官・子爵　杉孫七郎（元皇太后宮大夫）
顧問官・子爵　高島鞆之助（元陸軍拓殖務大臣）
顧問官・子爵　金子堅太郎（元司法大臣）
顧問官・子爵　末松謙澄（元逓信・内務大臣）
顧問官・子爵　清浦奎吾（元司法・農商務・内務大臣）
顧問官・男爵　南部甕男（元大審院長）
顧問官・法学・文学博士・男爵　加藤弘之（元帝国大学総長）
顧問官・子爵　青木周蔵（元外務大臣）
顧問官・子爵　牧野伸顕（元元老院議長）
顧問官・男爵　船越　衛（元元老院議官）
委員・内閣書記官長　柴田家門

このように出席者全員一致して賛成し、宮内大臣・子爵、渡辺千秋は認定のことを明治政体帝に言上します。

三月三日、各上奏を採納して侍従長・公爵、徳大寺実則をして内閣上奏の通り認定をし、内閣総理大臣並びに宮内大臣に達せしめました。

これを受けて文部省は同十四日の『官報』に「文部省訓令第一号」として、文部大臣・小松原栄太郎の名をもって、

「従前の《南北朝》を《吉野朝廷》に改む」

ことを都道府県へ通達しました。

歴史的絶対的事実の前に第二次桂内閣でもなす術なく「南朝正統」の閣議決定は、明治政体帝に上奏されます。明治帝も否決権を行使するわけにもいかず、その決定を認証しました。

翌、明治四十五年七月三十日、明治政体帝は崩じ、同日政体帝が践祚《せんそ》。そうして大正十三年（一九二四）政体府の宮内省に「臨時御歴代史実考査委員会」が設けられます。

慎重審議の結果、慶寿天皇は長慶天皇として皇代に列し奉るを至当とすの答申

案上り、枢密院に精査委員を設け塾議し決定されました。数百年にわたり覇権力をもって隠し留めてきた国体天皇譜の実態の一部を明らかにせざるを得なくなったのであり、これ以降も国体皇統が明らかとなれば歴代として当然認識されるべきという内容をこの内閣議決は含んでいます。この議決は法治国家として現在においても有効なはずです。

時の首相を迎えて大日本皇道立教会が設立される

明治四十三年（一九一〇）六月の幸徳秋水事件の出発点は箱根太平台所在林泉寺の住職・内山愚童《ぐどう》和尚の明治政体を批判した檄文に始まります。それが政体側の予審判事の手で「大逆事件」として、事件が捏造され、社会主義者が弾圧されました。

南朝正統主義者たちも皇統の実体を知らない一般民衆から最初は社会主義者と

みなされました。

玄祖父・大政天皇も明治初期には佐沼五千石の殿様（亘理《わたり》）の姫・光子とともに社会主義者だったので駆け落ちし、行方不明になったと流布されていた時代があったようです。

問題は、檄文の長慶天皇の項で、

「今日ニ於イテハ之ヲ御歴代中ニ加ヘズ、更ニ他日御在位ノ事実判明ノ場合ニ於イテ御歴代ニ加エラルル事」とあります。

国体の皇統においては御在位の事実判明をもって長慶天皇以外でも当然御歴代に加えられるのが当然であるべきです。

明治二十八年（一八九五）十月、清国革命を謀り失敗し日本に移住していた孫文（中山）氏も、始めは社会主義者の如くみなされていました。

明治三十七年、帝政ロシアと清国北方領土（満族）の大地において戦争した日本陸軍は迫り来る世界の経済恐慌の中で、恐慌への対処策として貧農家救済を目的とした満蒙の開拓利権拡張を進めていました。その一方で日本の志士、大陸浪人の支援のもと、孫中山氏の中華革命が成立し中華民国が成立します。

孫氏が臨時大総統に就任しましたが政権は安定せず、氏は常に北方ロシアからの軍事侵略を恐れていました。

その頃、日本国内では桂内閣において「南朝正統」が閣議決定され南北正閏論争が盛んに報じられる中、明治大行帝が崩御。

閏統である北朝政体皇統にとっては南北皇統問題の合理化融和を図らざるを得なくなります。そのために、大正三年（一九一四）、若かりし頃、土佐勤王党として土方楠左衛門と名乗り絶対南朝正統主義者であった元宮内大臣正二位勲一等伯爵・臨時帝室編修局総裁・土方《ひじかた》久元《ひさもと》氏を会頭に、光格政体帝の息ともいわれ天誅組を興した中山忠光の子息・忠英氏を会長として、南北皇統融和を目的とする「大日本

土方久元氏

皇道立教会」が時の内閣総理大臣・大隈重信氏を加えて設立されました。

中山忠光氏は幼少の頃、三條実美氏等七卿とともに土方久元氏の先導で都落ちした人物です。

頭山満翁も建武中興の精神を「家神」として信奉した

孫中山（孫文）氏は明治二十八年（一八九五）清国革命に敗れ、日本に移住し、のち帰国。

現在中華民国・中華人民共和国の国父と称される孫中山閣下は、自ら建国した中華民国を守るために中華民国の北方地区にロシア軍に対する防衛地帯を設けることを考えていました。

孫閣下の革命思想のもとには、一九一九年（大正八）、第一次世界大戦後の抗日愛国運動の中で、「日本は東方の一弱国であったが、幸いにして維新の志士が

孫中山閣下（中央）と頭山満翁（右から2番目）

生まれたことにより初めて発奮して東方の雄となり、弱国から強国に変じることができた。我が党の志士も、また日本の志士の後塵を拝し中国を改造せんとした」と述べました。

また、大正十二年、孫氏は上海でソ連邦代表ヨッフェ氏とともに共同宣言を発しましたが、その中にも、「日本の維新は中国革命の原因であり、中国革命は日本の維新の結果であり、両者はもともと一つにつながって東亜の復興を達成する」とありました。そして盟友の犬養毅氏に対しては、「明治維新は中国革命の第一歩であり、中国革命は明治維新の第

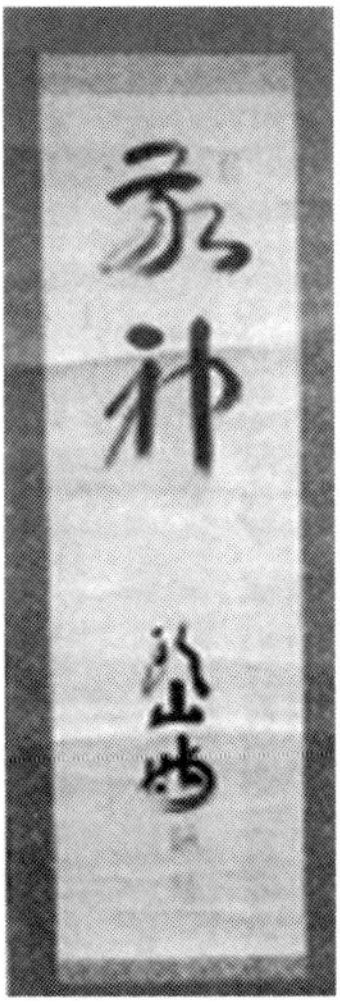

頭山満翁の真跡による「家神」

二歩である」とも述べています。

孫中山氏は、翌年十一月には「大アジア主義」の講演を神戸で行い、日本に対して、「西洋覇道の走狗となるのか、東洋王道の守護者となるのか」と問い正し、大正十四年三月五十九歳をもって死去しました。告別に犬養毅氏が祭文を朗読、霊柩は犬養氏と頭山満翁の両名が先発して迎えました。

頭山満翁も後醍醐天皇の「建武中興」の精神を「家神」として信奉し祭った人物で、掲載した写真（右）は翁の真跡で子息の秀三氏に残され、筆者が満翁の義弟・向井定利氏と秀三氏の未亡人宅を訪れた砌《みぎり》、記念として筆者の手に渡された品です。

孫閣下の帝政ロシアの南下政策からの中華民国の防衛という思想と盟友犬養氏の南北皇統問題解決の考察が満州建国となっていくのです。

上泉徳弥海軍中将

この頃、筆者の父は妙宗院国風と称し、上泉《かみいずみ》徳弥《とくや》海軍中将に推し立てられ、真実の国体啓蒙に東奔西走していました。上泉海軍中将は日露戦争時の大本営参謀を務め、昭和三年（一九二八）、予備軍役となり、同六年から大日本主義を唱え講演をしていました。

南北正閏問題は裏取引で「討論を用いず否決」された

明治四十四年（一九一一）二月二十三日、国民党総理・犬養毅氏は、自ら激烈な弾劾演説を議会で行いました。その内容は秘密議会とされ、議長・長谷場《はせば》純孝《すみたか》

氏によって、

「秘密会ニ於テハ速記ヲ用并而シテ其速記ハ翻訳浄写ノ上、密封シテ之ヲ保存シテ置クコトニ致シマス。提出者犬養毅君、議案ノ朗読ヲ省略シマス」と宣言あり、（帝国議会衆議院秘密会議事速記録集一）

〔犬養毅君登壇〕［拍手起ル］

○犬養君、私ハ茲ニ差出シマシタ決議案ノ説明ヲ致シマス（中略）

此明治維新ト云フモノハ何デナッテ居ルカ、明治維新王政復古ハ確ニ此南朝ヲ正統トスルトコロノ精神ノ活動デアル。（中略）

茲ニ皇位継承篇ト云フモノガアル、

皇位継承篇ナルモノハ如何ナルトコロデ出来タカト云フト是ハ

元老院ノ官撰デアルガ、（中略）

餘程餘程過激ナ文字ガ使ッテアル、

北朝ハ不正位、北朝ニ對シテハ不正位トシテアル、
官撰デ即チ政府ノナサレタモノデアル、
モウ一ツハ大政紀要ト云モノガアル、
此大政紀要ハ岩倉公爵ガ勅ヲ奉ジテ編纂サレマシタ、（中略）
此勅撰ニハドウ云ウコトガアルカト云フト
南朝正統ト云フコトハ明ニ定メラレテアル。（以下略）

とあります。弾劾演説時の第二次桂内閣は侯爵桂太郎が総理兼大蔵大臣となり、その官僚に、

内務大臣・男爵　平田　東助
陸軍大臣・子爵　寺内　正毅
海軍大臣・男爵　齋藤　實
司法大臣・子爵　岡部　長職

農商務大臣・男爵　大浦　兼武
逓信大臣・男爵　後藤　新平
外務大臣・伯爵　小村寿太郎
文部大臣　小松原英太郎
書記官長　柴田　家門

が就任し、運営されていました。

本件「南北正閏問題」は前に示した事情で、桂総理と野党の政友会の前司法大臣・松田総務とで裏取引がされ、第二十七回帝国議会で本件は、「討論を用いず否決」されました。

第4章

満州国は王佛冥合・五族協和の精神のもとに建国されるはずだった

徳川慶喜公から聞いたことを詠にした短冊

南北皇統の融和を目的として大正三年（一九一四）に設立された「大日本皇道立教会」の初代会頭で宮内省臨時帝室編修局総裁、正二位勲一等、伯爵の土方久元氏は、大正六年十一月四日、八十六歳をもって薨去《こうきょ》されました。そして久元伯爵の外孫・四條隆愛《たかちか》侯爵が第二代会頭に就任しました。

四條隆愛公爵

四條家本流は吉野朝時代、大納言隆資《たかすけ》氏と、その長子・左近衛少将隆量《たかかず》氏や次子・参議隆重氏が後醍醐天皇に仕候した名門であり、隆愛氏の父君・隆謌《たかうた》氏は時の流れの中で戊辰戦争に政体

徳川慶喜公から密かに贈られたと伝わる「御器」

方の東征大総督府参謀兼仙台鎮台司令官として参戦しました。明治十三年、陸軍少将・仙台鎮台司令官として滞仙しました。隆愛氏の夫人は最初、国体東武皇帝を擁立しようとした徳川慶喜公爵の第十女の絲子姫でした。

そのような関係からか、南朝正統論の盛り上がりの中で、筆者の父と隆愛氏とその子息の隆徳《たかのり》氏との交友は深まり、妙宗院は戊辰の前に、後醍醐天皇が愛用し、京都大徳寺に納め、それ以降、足利・織田・豊臣と渡り、徳川に伝来し、徳川慶喜公から密かに贈られてきたと伝えられる「御器」茶碗の実態を確認すべく尋ねました。すると、隆愛氏がその義父・徳川慶喜公から聞いたことを詠《うた》にした短冊を送ってきました。

その短冊には、

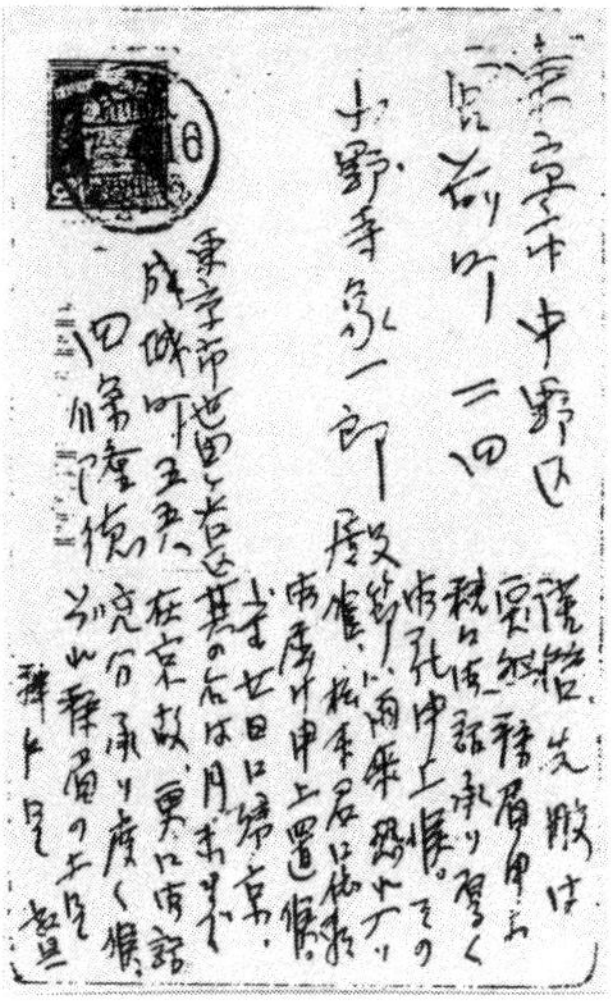

四條隆徳侯爵からの音信

四條隆愛氏が徳川慶喜公から
聞いたことを詠にした短冊

以久多比の時局に染し
多ったやま
三年の紅葉の　千入奈良武
隆愛

とありました。

この詠の意を考えますと、「いくたびの時局に染し」とは、後醍醐天皇より戊辰に至る「御器」の所持者の移り変わり、すなわち、権威から権力への移動を物語り、「多ったやま」は平城の斑鳩《いかるが》所在の紅葉の名所・龍田山で、「御器」の景色に懸け、また「たつ」は「龍」で天皇を表し、戊辰時の国体天皇の即位を表したのでしょう。

「三年の紅葉の」とは龍田山の「峯」に懸け、戊辰時とそれに絡む前後の争いを物語り、「紅葉の」とは、その赤く染まりし色を武士の血に喩えたものでしょう。「千入奈良武《ちしお》」の千は地で「御器」の地肌の模様に懸けて詠はれ、その短冊を「御器」茶碗に付けて送られてきました。

隆愛氏の弟、実輝《さねてる》氏は一條忠貞公爵の養子となり、忠貞公爵の叔母が昭憲皇太后と呼ばれる明治大行帝の皇后、美子《はるこ》姫です。

知徳院陛下の陵墓は官憲によって破壊された

明治二十二年（一八八九）二月、明治欽定憲法発布となり、『皇室典範』の制定によって、『皇室典範』が定める「皇統譜」に載せられた者のみを天皇とすると定めます。江戸高輪東禅寺内（旧伊達家墓所）に設けられていた私の玄祖父・

『寶祚大典』に押してあった「賜天覧（天覧を賜る）」印。政体昭和が読んだことを表している。

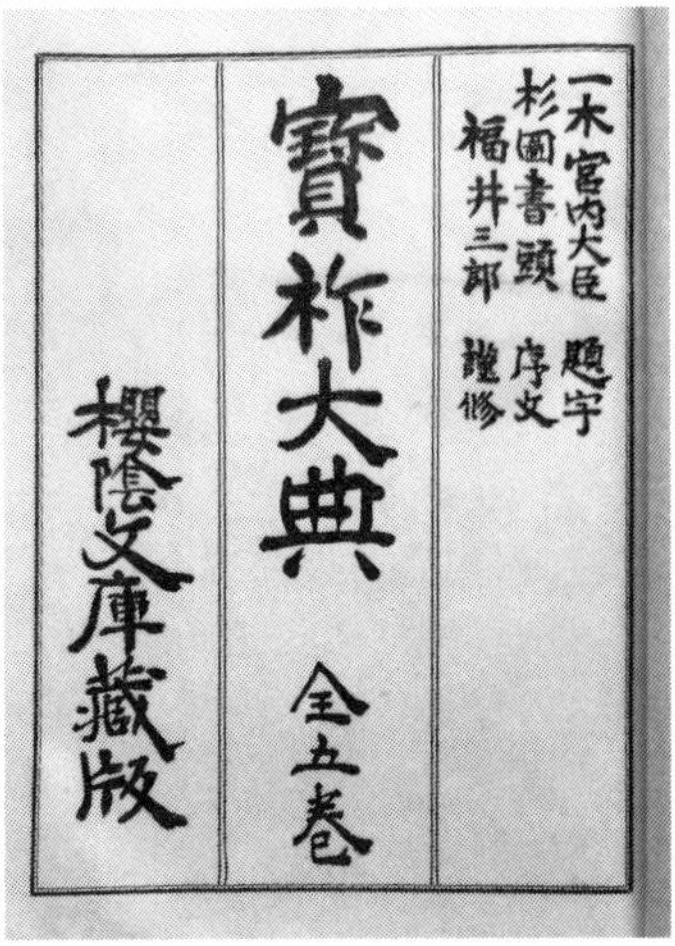

政体昭和が読んだ『寶祚大典』

東武天皇こと大政天皇陵墓は明治官憲によって破壊されてしまいました。

こうして維新時の国体南天皇の存在は一切消し去られました。その「皇統譜」の成立は『寶《ほう》祚《そ》大典』の大正四年（一九一五）三月の条に、

「皇統譜の調査成る明治の初年、太政官の正院において之が調査を開始し爾後四十年余継続して之を行ひ是に至って其一段落を見る。然も皇族全部の実歴に至りては其調査容易の業に非ず、明治時代四十五年間を第一期とし徳川時代を第二期とし漸次、遡って神武の朝に及ぶの方針をもって其編集を定む」

とあるように、明治二十二年時点では、未だ現行の「皇統譜」は成立していませんでした。しかし、すでに編修の方針は持明院閏統をして、いかに国民の目を騙し、「神皇正統譜」(大覚寺皇統)に合理的につなげるかということでした。

その結果、後亀山天皇の元中の和談以降の国体皇統の皇位を、すべて除外することを明治政体府は編纂にあたって決定していました。

筆者の玄祖父の知徳院国体大政天皇陛下が明治政体府の官憲から逃れるために、自らが崩じたことにするために造った江戸、高輪東禅寺の陵墓の正面には十六菊花紋が燦然と輝いていました。それゆえに玄祖父は崩御したとして、明治政体府の追求から逃れられたのです。

その知徳院天皇陛下の陵墓は、明治二十三年、儒教思想で極刑とする剖棺斬屍《ぼうかんざんし》(死後墓を暴き再び殺すこと)として、明治政体府の官憲によって破壊されました。

その理由は明治元戊辰年三月の菊花紋の使用禁止で同四年六月十七日、由緒の有無にかかわらず、皇族以外はすべて菊花紋の使用を禁止し、皇族は十四葉一重裏菊を用いることと定められたからです。

しかし東禅寺山内の陵墓には燦然と十六弁菊花紋が輝いていたことが平成六年（一九九四）一月の著者の瑞聖寺墓地の改装工事によって確認されました。

歌手・淡谷のり子の父に家を提供した

祖母の語るところでは、父・妙宗院は十二、三の頃、船に積む木炭炭俵が円《まる》かったのを奇想天外にも四角に組み立て直して船に積載したことで、荒波でも転がらなくなり、それが評判となり、木炭が大量に積み出され大利益を得たといいます。

大正六年（一九一七）、父は一等車中で東京弁護士会副会長の弁護士、小野寺章氏と偶然知り合い、章氏の兄・有一氏（昭和十七年衆議院議員となる）と父が、文字が相違するが同じ呼び名の有一と勇一郎なので話題となり、小野寺先祖の話に及んだそうです。そのことで章氏と懇意となり、義兄弟の盟約を結びました。

このことに関して有一氏の息の仙台在住の岩手大学名誉教授の三夫氏に電話にて問うたところ、三夫氏は幼少の頃、章氏の養子とされていたので、そのことは聞いて知っているとの答えでした。

そうして有一氏、章氏兄弟を後援し育てた菅原氏の娘を、父は兄・象治の夫人としました。

大正九年三月十五日、東京株式市場は世界の経済恐慌のあおりを受け大暴落となり、銀行の取り付けや企業の倒産が全国的に大発生しました。その中で、父は秋葉大助氏を立て、資本金二百万で第一興業株式会社を設立、大正十二年の関東大震災を乗り越えましたが、この経済恐慌は大陸進出への大きな原因となってしまいました。

小野寺章氏は昭和三年（一九二八）の第十六回衆議院議員選挙に出馬し当選、犬養毅氏の立憲政友会に所属しました。そして政友会の実力者で犬養毅内閣の内閣書記官長を務めた森恪《つとむ》代議士の懐刀と称されるようになり、衆議院議員に昭和五年・七年と連続当選しました。

その縁で、森恪氏と並ぶ政友会の実力者であった久原房之助代議士と父は懇意となり、大正時代の経済恐慌や大震災の波をもろに受けた久原氏に資金支援し、それが機縁となり、久原氏も父の支持者となりました。

父と久原氏の関係は、犬養毅内閣の内務参与官を務めた青森県選出の藤井達也代議士の秘書・石和作之進が父に宛てた礼状に記されています。

なお藤井達也代議士は昭和九年十二月に死去しました。

森恪氏

昭和二年四月、華族銀行と称されていた十五銀行の閉店により金融恐慌が始まり、妙宗院受け取りの同銀行支払い保証手形の多数が不渡りとなってしまいました。支払い保証手形は十五銀行の代表取締役以下取締全員が手形に裏書署名しています。

四條隆徳氏

十二月に入り、侯爵・四條隆愛氏から、四條家の資産整理の依頼を受け、結果十二万五千円の債務の存在が確認され、その全部を整理しました。

同三年十二月、宮城県塩釜町に敷地九十六坪の別邸を金四千円で買い入れ、歌手・淡谷のり子の父に提供し、のり子の父はそこで生活していました。

淡谷の家は津軽藩の御用商人で、本来は阿波屋と称し、青森市では淡谷の店の戸の開閉で時を知ったと言われました。しかし明治の二度にわたる青森の大火ですべての財を失い、父を頼ってきていたのです。

十五銀行の整理に伴う四條侯爵家の財産整理の関係から、昭和十一年頃、四條隆徳氏と貞子との婚姻話が父によって持ち上がりました。

貞子はその時のことを『青葉笙子 歌の回想録』（柘植書房）に、

「私の叔父さんが、当時宮内省（今は宮内庁）への出入りがあった人でしたので、公爵《ママ》の四條隆徳さん等とビリヤードのお付き合いをしたりして、御交遊がありました。そこで私より一回りぐらい御年輩の方でしたが、何かの折に私のお話があり、仕事の合間をみて、お食事の誘いを二度程受けました。叔父さんのせっかくの御好意を無にしては悪いと思って…。私が早く良い結婚をして落ち着いた家庭を持って欲しいと、父も願っていたのでしょうから…。でも御縁のある無しは、やはりあるのですね。

私は、仕事が忙しくなり、（中略）自然消滅と申し上げて失礼になるかも知れませんが、そのような状態で、ジ・エンド」

等の思い出の記述がありました。

犬養内閣は満州建国により南北問題の解決を目指した

犬養毅氏は、孫中山氏が中華民国の領土を守るためには南下してくるロシア軍を防ぐために北方に防御の緩衝地帯としての国家を建国し、南下するロシアからの備えを目論んでいました。

そこで南朝に国家を樹立させ日本の南北朝問題の最終解決を目的としましたが、盟友・孫文は大正十四年（一九二五）逝去してしまいます。六年を経て、森恪代議士の努力で犬養毅内閣が成立したものの、政党内の支持は不安定でした。

犬養毅氏は関東軍参謀たちの満蒙問題と日本国内の矛盾の解決を目指しました。つまり「参謀により機会を創出し軍部主導で国家を牽引する」という戦略は、犬養毅氏の満州建国思想と相違していたのです。

孫文氏が逝去して六年の歳月の経過の中で、大陸の権力者の政策志向はバラバラになってしまっていました。そうした中で、犬養氏と森恪氏の大陸政策に相違が発生し、森恪氏は犬養氏から離反することとなります。

当時、満州の地には仙台に本拠を置く第二師団が派遣されていました。師団長の多門二郎中将は楠多聞丸正成の血を受け代々南主に仕え、静岡県駿東の地に誕生し、第二師団長になりました。

第二師団の兵の多くは東北地方の農家出身の人々でした。当時の東北地域の農家は冷害で大凶作となり、困窮のどん底に陥っていました。そこで満蒙の開拓に夢を託したのです。

妙宗院の王佛冥合・五族協和の理想は協賛者を得ていく

本来「五族協和」とは、共存共栄の対等な思想に基づくものでなければなりません。

板倉勝静

昭和六年九月に満州事変が勃発し、十二月十一日、民政党の若槻礼次郎内閣は、内閣不統一で総辞職し、十二月十三日に政友会、犬養毅内閣が成立しました。

内閣総理府大臣に就任した犬養毅氏は戊辰の役の時は十五歳でした。犬養氏の祖父は備中庭瀬二万石の板倉侯に仕えた儒者でした。

藩主・板倉勝弘《かつのり》侯は戊辰の役に後醍醐天皇の正嫡である南主を奉戴した福島藩三万石、藩主・板倉勝尚《かつひさ》侯の伯父です。

また板倉氏の総本家・備中松山五万石藩主・勝静《かつきよ》は桑名藩・松平氏からの養子で、幕府老中を務めました。戊辰戦争の時に奥州に下り、南主方として徳山四郎左衛門と改名して参戦しました。

犬養毅総理は戊辰戦争の実態を正しく熟知し、明治四十四年（一九一一）に国定教科書の南北問題を取り上げ、帝国議会で弾劾質問を行いました。そして桂太郎第二次内閣に内閣議決として、「南朝正統」を決定させました。

結果として明治政体天皇の勅旨をもって南朝の正統・北朝の閏統を国民に周知させる原因を作った人物です。そうして、父・妙宗院の王佛冥合・五族協和の理想は犬養毅内閣総理大臣とその与党となった政友会の実力者、森恪・久原房之助両氏の協力を得て、協賛者を得るに至りました。

しかし犬養毅内閣成立の最大の功労者であった代議士・森恪内閣書記官長と、満州における産業経済をもって自己の再興を最優先と踏まえた与党政友会の幹事長・久原房之助代議士が、内閣改造問題で対立してしまいます。

久原房之助氏

昭和六年（一九三一）十二月二十六日、森恪代議士が久原房之助代議士に絶交を通告し、森代議士はその同志を糾弾して久原討伐の旗を揚げました。

父の代弁人・小野寺章代議士は次に挙げる代議士とともに森恪内閣書記官長側に立って久原房之助追い落としに参加します。

小野寺章氏とともに久原房之助追い落としに参加したのは、志賀和多利・岡本一巳・川島正次郎・梅村大・佐藤洋之助・森昇三郎・坪山徳弥・田村実・上野基三・瀬川嘉助・宮崎一・勝又春一・松岡俊三・川手甫雄・深沢豊太郎・高橋泰雄・門田新松・益谷秀次・土倉宗明・野方次郎・助川啓四郎・牧野賤男・藤生安太郎・山本荘一郎・大石倫治・川上哲太・小林錡・高橋熊次郎・久山知之・田辺七六・片野重脩・小山田義孝・村田虎之助・中島守利・窪井義道等でした。

昭和七年（一九三二）三月一日、関東軍高級参謀・板垣征四郎大佐の裏工作で満州建国が満人によって宣言されます。三月九日、関東軍により溥儀《ふぎ》は執政に就任します。関東軍参謀等の溥儀執政に対しての一時的虚言は満州の地で実体化しつつありました。

父・妙宗院は、現地の実態情報を清浦奎吾《けいご》伯の音信を通して受けていました。

大陸政策の論者であった森恪氏は昭和七年十二月十一日、病にて四十九歳で死去しました（正四位、顕昭院英咬日恪居士）。

近代に日本国家は明治維新運動の皇統の正閏問題の錯覚において成り立ち、その問題解決のために満州国を建国し、それを五族協和の理想国家とする精神も覇権主義の詭弁に毒されてしまいました。

政体の一新を計画したのですが、皇道の誤った国民教育によって育成された陸海軍の青年将校のために、昭和七年五月十五日、犬養毅首相は射殺されました（行年七十八）。

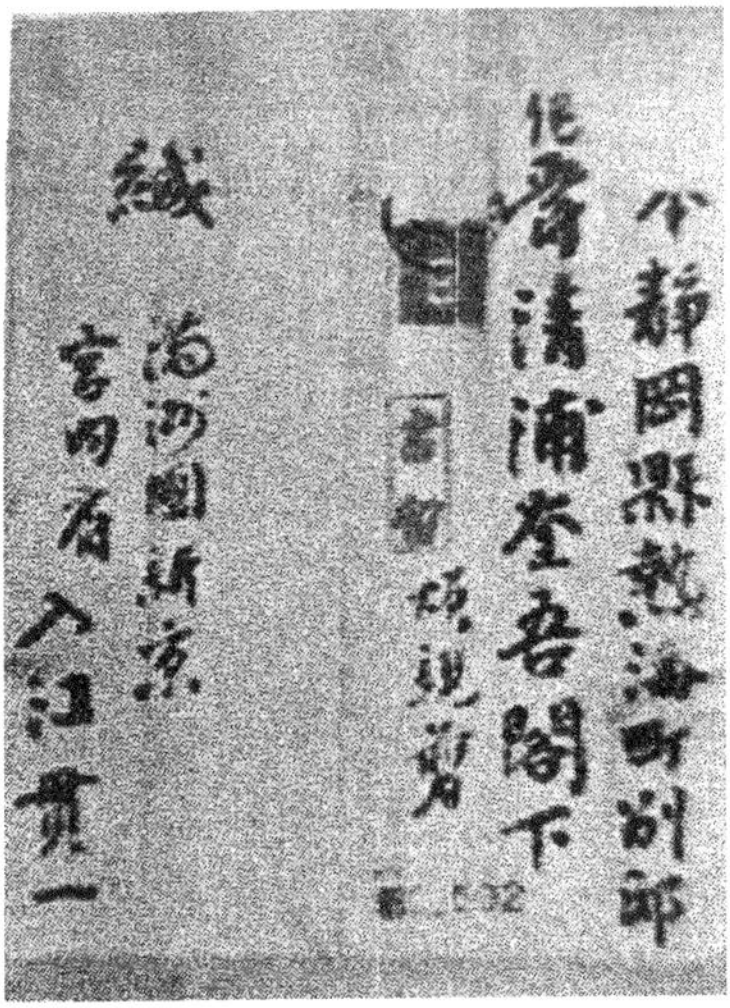

満州国宮内省次官・入江氏から清浦奎吾への音信

昭和八年、松屋常務取締役・内藤彦一所有の松屋株を創価教育学会の仲介で担保として融資、それが資金となって皇道右翼・天野氏のクーデター未遂の神兵隊事件が起こります

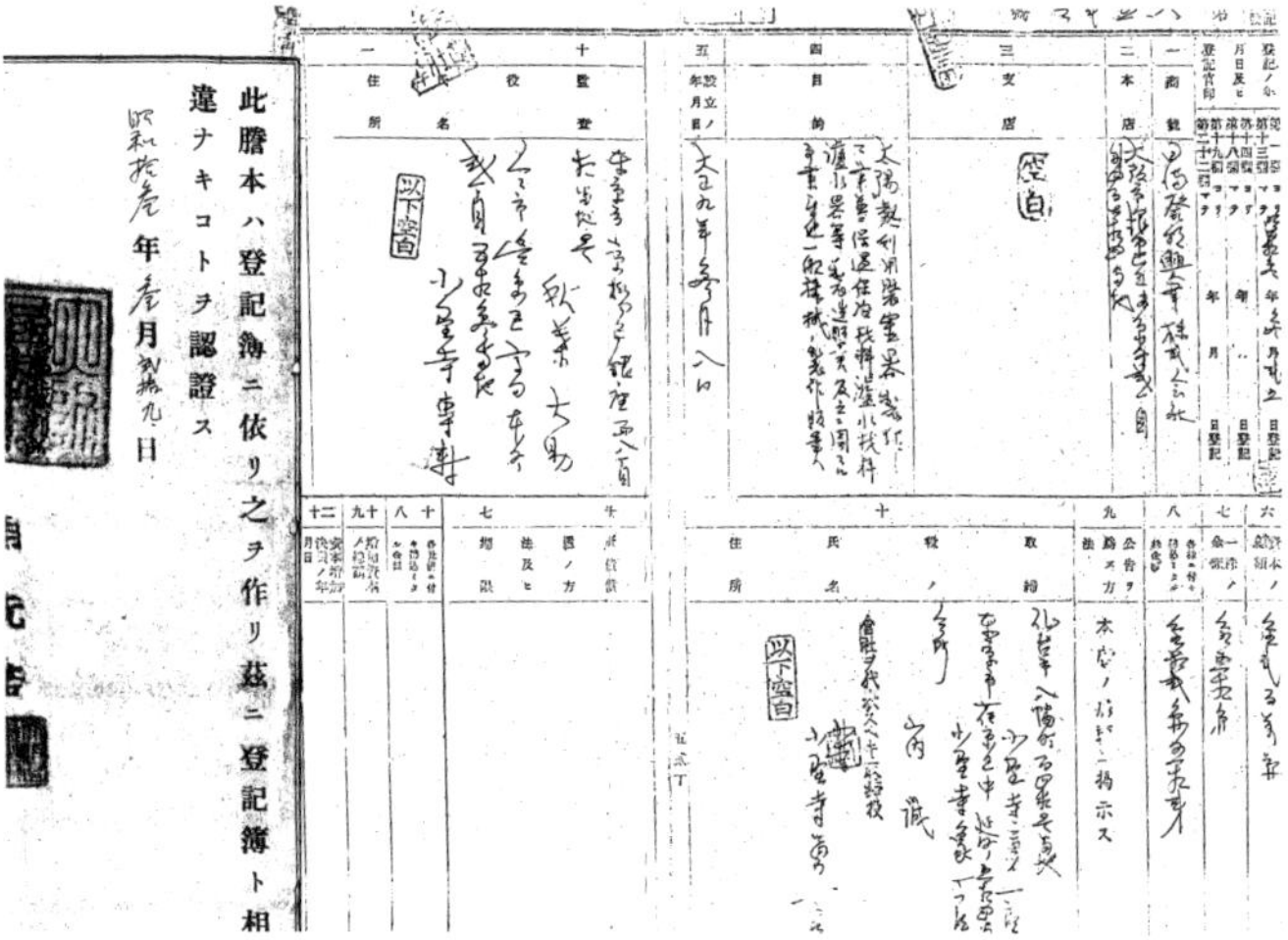
此謄本ハ登記簿ニ依リ之ヲ作リ茲ニ登記簿ト相違ナキコトヲ認證ス

日満発明興業株式会社の登記簿謄本

が、無罪となります。

昭和九年、済国社（国風会）を組織、住友・大倉より各五十万の寄付を受けました。一方、藤井代議士は昭和九年十二月に死去。

昭和十年（一九三五）、済国社（国風会）会長に海軍中将・上泉徳弥就任、陸軍皇道派・相沢三郎を支持します。

昭和十一年五月、父の太陽熱利用熱湯装置の特許が成立し、第一興業株式会社を日満発明興業株式会社と商号を変更しました。代表は祖父の小野寺象一郎、取締役は父の小野寺勇一郎及び

昭和14年12月、父・妙宗院は高田愛子と婚姻した。

祖母生家の山内誠、監査役に秋葉大助、小野寺専寿が就任します。

秋葉大助氏は秋葉式人力車の考案者であり、その人力車は当時、我が国最大の輸出産業でした。

また、現在残されている資料によると、下記の通り。

昭和十一年五月、大阪南花荘の土地一五五〇坪を一万五五〇〇円で買い入れ、昭和十三年十月、四條隆愛侯逝去につき、四條家に金八三九二円を融資しました。

昭和十四年十二月、妙宗院は高田愛子と婚姻。高田氏は新発田《しばた》藩溝口氏の一族で、赤穂浪士の堀部安兵衛は高田家に誕生したのち赤穂の堀部家の婿養子となった人物です。

高田氏は、千福小野寺氏の十内秀和を初めとした大高源吾・岡野金右衛門等々を輩出した小野寺氏に親近感を持っていました。しかし本家の伯爵で貴族院議員・陸軍政務次官だった直亮氏がその婚姻に大反対をして二年後に父は愛子と離縁しました。

大反対をした理由は直亮氏の妹、久美子女史が大倉喜六郎氏夫人で、父や父の兄・象治の事業と対立するという錯覚からだったようでもあり、また政治的問題もあったようです。

このような経緯を経て、昭和五十三年（一九七八）、某暴力団組織と大倉六郎氏との問題を筆者が大過なく解決してあげたのでした。

「天皇機関説」は皇統の正閏問題の対応策として立てられた

その頃、父は中華周室の璽・天皇の劔（天の叢雲劔）を継承する周室中華の正統として、自らの祖先が覇権で奪われた大地に王佛冥合の精神をもって、五族協和の立正安国・王道楽土の建設を夢見ていました。

理想は周室中華の思想を中心とし、宣統帝溥儀を執政として、五族協和の王道の国家を建設することでした。父のこの理想を森恪代議士は理解し父を支持してくれたのです。

満州国は中華周室の正統皇の存在なくしては五族協和の王道楽土の建設はなし得ません。ゆえに森恪代議士の大陸政策は侵略行為ではなく、大義としての正当な理由がありました。

この大義を理解することなく政体府の人々は大陸に進行したので、侵略行為と

なってしまったのです。

これらの政策の破綻は明治欽定憲法の矛盾から生じたものです。現昭和憲法では政体天皇を象徴天皇と位置付けていますが、明治欽定憲法の矛盾をそのまま継承しています。大陸政策の指導者であった森恪代議士は昭和七年十二月十一日、病にて四十九歳で死去しました。

小野寺章氏は昭和八年まで当選し、第六十四回帝国議会では予算委員長として活躍しました。しかし過労によって任期中の昭和十年二月三日、薨去しました。

明治政体府の関東軍は満州に南主の存在は不必要とし、昭和九年三月一日に執政溥儀を満州国皇帝に就任させます。皇帝溥儀は最初、大清国の復興の第一歩と踏まえていましたが、その実態は満州国の傀儡《かいらい》皇帝でしかありませんでした。

こうして明治政体から送り込まれる満州国の次官を務めた日本人の官僚により、関東軍の監視のもと、ほとんどの命令が発せられるようになりました。

父・妙宗院国風日象の王佛冥合・五族協和の理想は本来の目的の意義が失われ、軍部によってそのスローガンのみが理念なく利用され暴走します。

政体府の皇統の正閏問題の対応策として、美濃部達吉博士は『逐条憲法精義』『憲法撮要』を著し、「天皇機関説」ともいうべき論を立てました。皇位を行政機関と置き換え、北朝政体府の正統論を立てたのです。

それを支持した重臣たちを陸軍は、「統治大権が天皇になく、天皇はこれを行使するための単なる機関なりとするようなことは、これまったく万世無比なる我が国体の本義を誤るものなり」「元老、重臣、財閥、官僚、政党は、この国体破壊の元凶なり」として非難しました。

天皇機関説がなぜ説かれたのかを理解できなかった人々によって、暴力革命運動が起こされ、多くの不幸な結果を生じるに至ったのです。

この不幸の原因は政体府で皇統問題を正しく国民に告知しなかったことです。そのために国体明徴運動問題の本質義が忘却されてしまい、上杉慎吉氏は「天皇主権説」を主張しました。その結果、閏統天皇家は「万世一系の天皇」とされていったのです。

父・妙宗院は暁鐘閣《ぎょうしょう》を建て、連日連夜の鐘を打ちましたが、残念ながら目的は叶わなかったようです。富国強兵主義から約六十年、覇者として国際社会で権力を保ってきた日本でしたが、昭和二十年の敗戦によって覇権を失いました。今日、世界有数の経済力を持ちながら、国際社会での発言力はその経済力に比してほとんどないと言っていい状況にあります。

「国体天皇」が人権侵害を日本の裁判所に訴える術はない

南朝の皇統問題を世間に訴え、「熊沢天皇」を自称して世間を騒がせた熊沢寛《ひろ》道《みち》という人物を皆さんはご存じでしょうか。

昭和二十年（一九四五）、日本が連合軍の占領下に入った後、熊沢寛道氏はGHQのマッカーサー総司令官宛てに、

「自分が正統な南朝天皇の末裔です。北朝方の現天皇はニセモノである」

という内容の請願書を送りました。その請願書に注目した米『ライフ』誌が取り

上げ、日本のマスコミも報道したことから、一時は時の人となりました。

筆者は熊沢天皇に会ったことがあります。彼の主張の信憑性は置いておくとして、南朝復権のため、私の父が彼を通して復権のタイミングをうかがった時期もありました。

しかし、その後、私の父は、熊沢寛道氏に声高に「天皇」だと主張することをやめるようにと注意することになります。

昭和二十六年一月五日、熊沢寛道氏が「天皇不適格確認の訴え」を起こします。それに対して、昭和二十六年二月十九日、東京地裁は「天皇は裁判に服しない」との理由で、「本件訴状を却下する」としたのです。

それに対し、熊沢寛道氏は東京高等裁判所に「抗告」しましたが、それも判決で却下されました。その却下理由は左記の通りです。

天皇は日本国の象徴であり日本国民統合の象徴であって、この地位が主権の存する日本国民の総意に基づくものであることは、日本国憲法第一条に明定するところである。

この日本国の象徴であり日本国民の統合の象徴であるという天皇の地位は、国会の議決した皇室典範の定めるところによって、皇位に即かれた天皇と不可分一体の地位であって、一言にしていえば天皇すなわち日本国の象徴であり日本国民統合の象徴であることは憲法第一条第二条の規定に徴し明白一点の疑いをいれないところである。

すなわち天皇であることが、日本国の象徴であり日本国民統合の象徴なのであるから、現に皇室典範の定めるところにより、皇位にある天皇が、他のいかなる理由かにおいてその象徴たる適格がないかどうか、というようなことを云々する余地はまったくないものといわなければならない。

日本国憲法によって定められた天皇の象徴たる地位が右のようなものであり、しかも、それが日本国民の総意に基づくものである以上、日本国憲法は国民各自に現に皇室典範の定めるところにより皇位にある天皇に対していかなる理由においても、日本国の象徴であり日本国民統合の象徴である適格がないことの確認を裁判所に訴求する権利を認めておらず、またいかなる裁判所にもこれについて裁判をなす権限を認めていないものと解すべきはむしろ当然である。

この判決は判例として確定していますが、「日本国民の総意」とあるところは一度も確認されたことではありません。ということは、政体天皇が日本の裁判の対象となることはありえないということです。それゆえに、「国体天皇」が自ら天皇としての人権侵害を日本の裁判所に訴える術はないわけです。

人権侵害の例としては、先に述べた墓所の盗掘の件だけでなく、「韓国から私のもとに届くべき手紙を郵便局が宮内庁に誤配送し、それを宮内庁で開封して内容をチェックした」という事案も私自身が体験しています。

ただし、断っておきますが、私は「三種の神器」を継承し、国体を代表する位置にある「国体天皇としての」立場を変えるつもりはありません。政体天皇に帰属する先祖の祭祀は当然そちらで行っていただき、政体側に帰属しない国体側の天皇はこちらで祀りたいと考えています。

国体と政体の和睦が成立したら今世紀最大のモニュメントになる

では、現在、皇統における混乱をどうしたらスムーズに解決できるのでしょうか。それは、政体が私の国体としての立場を認めることではないかと思います。そのうえで、国体が政体皇室に「委任する」という方法を採るのが一番いいと考えています。

「王権外交」においても現在の皇室では相手にされない恐れがあります（実際に天皇夫妻が外遊しても国賓扱いされなかったという事態も起きています）。

だからこそ、まずは、「神武天皇からずっと続いてきた政体血脈云々……」というような無理のある主張をやめて「七百二十年前、後嵯峨天皇の孫の伏見と称した祖先が、本来、君主の地位の継承資格がないまま、君主の地位を奪取してしまった」と認めてはどうでしょうか。

そして、「国体」から委任された政体として認められるということはいかがでしょうか。私はそれでかまわないと思っています。

持明院統としては、国体府としての南朝の事実が明らかになった時、「これまでの歴史において、国体正統皇統に対して、ひどいことをしてきたのだから、自分たちの立場や生活が危くなるのではないか」という認識があるかもしれません。しかし、このまま国体府と政体府が割れたままでは、外国との外交にも問題が出てくるでしょう。

日本は敗戦による荒廃から、驚異的な経済発展を遂げ、その経済的な存在感は世界も認めています。一方で、国際社会における権威や発言力となると、これにまったく比例していないように思えます。

その典型的な例は、現在の国連における日本の立場でしょう。国際社会での国連の役割は、近年さらにその重要性を増し、また期待されています。

この国連の運営維持に必要な資金に関して、日本は米国に次いで大きな負担をしています。一時期など、米国がユネスコ（国連教育科学文化機関）への資金負担を頑強に拒否し、そのほとんどを日本が肩代わりしていた時期もあります。

にもかかわらず、現在でも日本は常任理事国になれないばかりか、日本を含む、第二次世界大戦での敗戦国を想定した国連の敵国条項がいまだに残っています。

ドイツではヒトラーのナチスが消え、イタリアではムッソリーニが消えました。ところが日本においては「宣戦布告した天皇の国家が現存している」という認識が戦勝国側にあるからではないか。

しかも、明治四十四年（一九一一）に帝国議会で、第二次桂太郎内閣は、「大覚寺統（南朝）正統」とする決議を行っているのです。正統ではない天皇が宣戦布告をする（開戦の詔勅を発する）ということ自体、考えられないことでしょう。

韓国や中国は「日本は歴史の誤りを正せ」という見解を発表していますが、これは慰安婦問題を取り上げているのではなく、皇統の真実を知り、この問題を明らかにすべきであると促しているのではないでしょうか。中国などは自国の新聞にはっきり書いていることからしても、それはわかります。

特に韓国の歴代大統領は、現在の天皇家に対して厳しい姿勢を見せていますが、その背景には過去の歴史認識の問題があるはずです。というのも、韓国は周王の分族である「韓王」に仕えた民であることを誇りとして、「大韓民国」と名乗っています。

コロナ禍以降、低迷する世界経済の中で、日本を含む全世界の国々がその秩序の維持と、その維持に必要な国家の権威を失いつつあるように思えます。そのような中で、正統（国体）天皇と、明治以来、実績を積んできた政体天皇がその立場を明確にし、相互理解のもと、互いに協力し合う姿勢を示すことこそが求められているのではないか。

実際に、持明院統側から和睦の交渉もありました。また有志により「日韓文化振興会」をつくって韓国を訪問するという形で、大覚寺統・持明院統の和睦が一時、実現しようとしたこともありました。

もし、本当の和睦が成立して、正しい皇統の理解が示されたとしたら、日本にとっても世界にとっても今世紀最大の和平のモニュメントになることは間違いないでしょう。

戊辰大政天皇の遺品の奪還訴訟を起こしたわけ

私の先祖の陵墓改葬工事が、私の体調変異により大幅に遅れることになりました。しかし、東京都港区の瑞聖寺から以前移動した一部の墓碑の設置場所も決まって、改葬再開の連絡を入れるため工事業者と打ち合わせをしました。

そんな時、仙台藩々士会の旧伊達一門の白石氏より、平成八年（一九九六）三月十九日付の『日本経済新聞』が送られてきて私の墓所の件が報じられていることを知りました。その記事を見て、寺側は所有者である私の許可なく勝手に私が墓所を放棄したとして墓を掘り起こし、「納骨器」を持ち出して、港区に寄贈してしまっていたことがわかったのです。

調べてみると、大政天皇の納骨器がいつのまにか港区の「民俗文化財」となって保管されていたこともわかりました。

港区行政は、本件墳墓の事情を知りながら、瑞聖寺から寄贈を受けたとして、「民俗文化財」としたのです。その件はＮＨＫや読売新聞などで紹介されました。

平成八年三月十九日付の新聞各紙の見出しを挙げてみます。

「青銅容器から胞衣桶、伊達家の墓地で発見、鶴・亀・松の図柄」（日本経済新聞）
「鶴亀文様の胎盤入れ　伊達家墓所跡で見つかる」（読売新聞）
「鶴を描いた伊達家の桶」（朝日新聞）
「四代藩主綱村の長男扇千代の胞衣桶と判明」（産経新聞）
「伊達家墓所から出土の桶、支配階級では全国初」「『鶴亀の装飾胞衣桶』東京伊達家墓跡から出土」（毎日新聞）

そこで私は「間違った報道をしたのだから、報道の誤りを正してほしい」と各紙とＮＨＫに交渉しました。しかし「行政側の記者会見の通り報じたのだから、行政が改めて発表すれば考える」という態度でした。まるで、こちらが間違っているかのような論調でした。

事実を報道するのが新聞社のはずですが、これでは戦前の大本営発表と同じではないでしょうか。そこで、私が先祖の遺品を奪還するには、訴訟を起こすしかありませんでした。

東京地方裁判所民事第十八部の裁判では、私が「南朝の東武天皇（大政天皇）の子孫である」ということは認めながら、「納骨器は返す必要はない」とする奇妙な判決が下されました。

この件に関しては、『世紀の敗訴　失われた宝と復活した正史』（小野寺直・著、大日本璽府広報出版局）という著書に詳しく書いています。

この裁判でも、行政府の戊辰以来いまだに続く国体天皇家に対する差別と迫害を感じました。私は「正統国体天皇家」の歴史、「三種の神器」の意味と、立憲君主国家としての天皇の継承問題に関して、国民の正しい理解を促すことにしたのです。

歴史のタブーを明らかにしようとすると、必ず妨害しようとする勢力が現れます。実際、私に対しても執拗に批判・攻撃する人たちが活動しているようです。彼らによってばらまかれた事実と異なるデマを正す意味でも、本書を通して真実とは何かを明らかにしたいと思います。

現代に「通説」とされているものの多くは、明治府以降につくられたものです。しかし、本来、事実を確かめるには、その時代にさかのぼって、当時の文献を分析し、真偽を問うべきものであるというのが、私の信念です。

特に、皇統史に関しては巧みに改竄されているだけに、明治以降に出てきた通説には注意が必要です。

諸外国は「大覚寺統（南朝）が正統である」という議決を知っている

平成十九年（二〇〇七）七月二十七日付の中国の機関紙『日中新聞』は、日本

の天皇というテーマの記事で、『星条旗新聞（スターズ・アンド・ストライプス）』という米軍の機関紙の昭和二十一年（一九四六）一月十八日付の記事を漢文に翻訳して紹介しています。

内容は政体昭和天皇の正統性を否定するものです。センセーショナルな内容が含まれるので、ここではその新聞の内容を紹介するのは控えることにします。

中国国務院機関部の某氏から、皇統の問題に関して、質問されたことがあります。微妙な内容であったため、近代に関しては回答をしませんでした。

すると、中国側では天皇印璽《いんじ》を造って私に寄贈するという話が持ち上がったようです。そこで日本の南北朝問題を調べ、資料として『星条旗新聞』を取り上げたからと、『日中新聞』を持参してくれたのです。

平成二十年七月二十二日には、中華人民共和国第六代国家主席であった胡錦涛氏より、胡錦涛氏が自書した「勇拳高峰」（ともに高い峰を目指そう）と綴られた書を贈っていただきました。

平成二十一年二月には中国から「天皇南朝印璽」を謹呈されました。

平成二十五年九月十三日、在日中国人向けの中国語の総合週刊誌『網博週報』に「南朝正統」を報じる記事が載りました。それは、「誰が正統なのか。南朝は正天子であり、北朝は偽天子です。明治天皇は北朝の子孫であり、誰が三種の神器を所有しているのか」（大意。原文中国語）という内容の記事でした。

以上でもわかるように、海外では日本皇室の正統性について関心が持たれています。しかも「王権外交」は国際的な外交の場では一番の影響力を持ちます。日本国憲法には宣戦布告に関する規定がありませんが、大日本帝国憲法のもとでは、日本が戦争を起こす時は、天皇が開戦の詔《しょう》勅《ちょく》を発して宣戦布告をすると定めていたのです。

正統な継承資格がない天皇がある日、開戦の詔勅を発して戦争を始めたとします。勝ったとして、偽りを前提とした国が「戦勝国だ」などと主張しても、世界の基準ではまったく相手にされない可能性があります。

諸外国は戊辰戦争の経緯、そして明治政府の成り立ち、さらに第二次桂太郎内閣の閣議で日本国の天皇は「大覚寺統（南朝）が正統である」と議決されて、全世界に発表されたことを知っているということです。

それだけでなく、日本の真実について国家レベルで詳しい調査がなされています。その結果は様々な新聞にも掲載されました。

日本外務省の外郭団体が中華人民共和国で私のことを調べた結果をメールで知らせてくれました。

送信日時　２００９年７月29日17：30

本文　北京に戻りました。
小野寺直氏について、調べた結果は左記の通りです。王維明

２００６年８月、日本の著名な社会活動家で「小野寺育徳会」主席の小野寺直先生は四川大学の創立１１０周年を祝い、中日友好を促進してくださり

ました。小野寺先生は四川大学に中国の古代壁画を寄贈してくださりました。その壁画は20世紀初頭に著名な貴族探検家の大谷光瑞の大谷探検家が中国を探検中に収集したものです。小野寺直氏は日本の第96代天皇で南朝の後醍醐天皇（在位1318～1339）の正統な子孫で東武天皇の玄孫です。宮城県仙台市に生まれ、現在…（大意。原文中国語）

明治天皇はすり替えられたのではなく、都落ちして京に戻った

皆さんは明治天皇すり替え説をご存じでしょうか。

「明治政体府の初代首相を務めた伊藤博文は、幕末期に岩倉具視と共謀して孝明天皇と後継者の睦仁《むつひと》親王を殺害しました。そのうえで、討幕派とともに、長州に住んでいた南朝の末裔と称される大室寅之祐《おおむろとらのすけ》を擁立。睦仁親王の名で即位させ、東京に遷都して本物の明治天皇として振る舞わせた」

「自分が龍（天皇）を連れていった」と示す土方久元画の「竹田街道下る図」

という説です。

この説を考察・検証する時に、参考になる書画《しょが》を私は持っていました。

土佐藩士で明治維新に新政体府の要人となった土方久元という人物がいます。

彼は文久三年（一八六三）、藩命により京都へ上ったといわれています。

土方久元が八十六歳の時に画家に描かせた「竹田街道下る図」と題する書画があります。

普通、天皇が都を離れることはありません。しかし、土方久元はその書画に賛を書してはっきりと「自分が龍（天皇）を連れていった」と書いているのです。

書画の写真をご覧ください。先頭に立っているのが土方久元本人です。真ん中に子供がいて、行列の上部に久元の直筆で「龍」と書かれています。

「龍」は普通、天皇を指します。「龍」は野に下ると「虎＝寅」になるといわれています。

そこで、大室寅之祐という名前を分解してみましょう。すると、大室という姓の中には天皇の居所全体を指す「大内裏」の意味が入っています。

寅という字に「野に下った天皇の通称」の意味が込められているのでしょう。

つまり、大室寅之祐とは明治天皇その人ではないか。

明治天皇は土方久元らに連れられて、一度野に下ったのでしょう。その時に大室寅之祐と名乗ったのではないか。つまり、明治天皇はすり替えられたわけではなく、明治天皇本人が極秘裏に一度都落ちし、また京に戻ったのでしょう。

それ以降にも種々の問題が存在していたようですが、それは先方の政策事情による問題であり私の範疇はここまでと致します。

いずれにせよ当時、この書画は絶対に秘密とされました。土方久元が宮内大臣を辞めて、後任に就いたのが田中光顕《みつあき》です。

土佐藩士で官僚、政治家となった田中光顕は、のちに政界で「闇の帝王」とまで言われるようになりますが、その背景には土方久元の書画にまつわる秘密が隠されていたのでしょう。

ちなみに、この書画はかつて私の手元にありましたが、ある研究者に貸し出したところ、いつの間にか行方がわからなくなってしまいました。現在、私の手元には写真のみが残っています。

エピローグ　世界を救済できるのは「世界の盟主」のみ

富国強兵政策により約六十年、覇者として国際社会で権力を保ってきた日本。しかし昭和二十年の敗戦によって、権力を失い、世界有数の経済力を持ちながら国際社会での発言力はそれに比してほとんどないと言ってもよい状況にあります。

本来、我が国の国体は、天照大日孁貴と呼ばれた皇祖の人格の大元霊を根本として、しろしめす国として大日本と号しました。

しかし長きにわたり、正しい歴史教育が我が国では行われていません。日本という国家の存在に対する共通の意識が国民の間に欠落してしまいました。そのため、国家として最も重要な意識を国民は積極的に認識してはいません。

絶対あってはならない欺瞞政治が、中世より今日まで我が国の歴史の裏側に息づいてきたのです。この欺瞞が世界の政治の中で、我が国に対する信頼を失わせるとともに、その発言を軽んじさせています。

それを直し、世界を救済することができる者は「世界の盟主」です。それは次の詩に示されている通りでしょう。

世界の盟主

世界の未来は進むだけ進み、その間、幾度か奪い合いが繰り返されて、最後にはその奪い合いが無意味なことを知る時が来る
その時、人類は真実の平和を求めて世界の盟主を挙げなければならない
その世界の盟主である者は武力や金の力ではなくあらゆる国の歴史を超越した最も古く
また尊い家柄でなくてはならない
世界の文化はアジアに始まってアジアに還る
それはアジアの高峰・日本に立ち戻らなければならない

我々は神（天照大日孁貴大神）に感謝します
我々に日本という尊い国を造っておいてくれたことを

著者略暦　　小野寺直　おのでら なおし

1945年１月15日	1868年６月15日即位の通称東武皇帝（後醍醐天皇の正嫡）の曾孫として降誕。
1963年６月	株式会社実業の世界社より創価学会対策出版物発行のため、編集スタッフとして招請されるが、編集方針の相違により５ヶ月で辞退。
1964年４月	東横重工株式会社社長・小野寺象治秘書、1965年退社。
1965年３月	北九州短期大学法学部卒業、同年４月、國學院大學第31回学術講座課程修了。
1966年３月	財団法人芸能文化研究所代表理事・有賀武夫元海軍少将の招聘により、同法人理事に就任、理事に高柳健次郎氏、土岐善麿氏、山田耕作氏、堀内敬三氏、吉村繁俊氏等在職。同時、小野寺育徳会主宰（秘蔵宝物展開催）。テレビ・新聞で報道される。
1967年４月	中野三郎氏と共に秦国政府よりソンクラ県サバヨイ村2400平方㎞の森林を取得し、三幸国際有限公司を設立、常務取締役就任、秦国経済に寄与。のちプラパート元帥の失脚で活動停止。
1967年６月	橋本政刀氏（中野正剛氏塾頭）懇請により、孫文先生の日本滞在中の援助者である頭山満氏の義弟、向井定利氏事務所の役員に就任。
1968年５月	戦後の日本経済復興の計画者・亀井貫一郎氏（住友商事顧問）の招請で財団法人産業経済研究所の役員に就任。経済倫理環境問題担当、のち、亀井事務所において美国ウエスチング・ハウス社より導入の原子炉技術を基礎に開発された純国産高速増殖炉に人間の智慧で制御の意から「もんじゅ」の名称を提案、採用される。
1969年	韓国政府白文部大臣よりベトナム和平後の韓国運営の相談を受け、サウジアラビア政府より住友電工受注のケーブル敷設工事に、ベトナムから帰還の韓国兵を住友に誘致。
1970年４月	宗教法人太平教団（旧大日本璽府法皇庁）代表理事代務者に就任。
1972年４月	学校法人北九州学院理事、同短期大学教授就任、1977年12月辞任。同年９月財団法人芸能文化研究所理事兼代表理事代務者を辞任。
1975年11月	ソビエト政府通商代表部より日ソ友好親善の工作依頼を受ける。
1978年４月	社会福祉法人厚生福祉事業団理事長・川村秀文氏（川村学園理事長）の招聘により、同法人の理事に就任、理事長代行として老人福祉にかかわる、1982年辞任。
1991年９月	太平教団代表理事に就任。
2006年７月	中国四川大学の招聘により客員教授に就任。
2006年８月	四川大学110周年を慶祝し大谷探検隊招来の南北朝晩期石窟壁画（中国文物報、同年10月18日記事）を同大学に寄贈。
2007年11月	中国四川大学名誉教授に就任。
2008年７月	胡錦涛元中華人民共和国国家主席より「勇攀高峰」の揮毫を贈られる。
2009年５月	中華人民共和国高等学校教材『国際経済合作』（北京・経済管理出版社版）、李小北氏と共著。
2009年９月	中国から「天皇南朝御璽」を贈られる。
2010年４月	特定非営利活動法人国際人材開発促進会名誉会長に就任。
2010年６月	中国四川省人民政府より「抗震救済記念章」を受章。
同年６月	一般財団法人大日本国国体府設立代表理事に就任。

著書に、『日目上人正伝』『小野小町二人考』『小野寺氏一二〇〇年史』『日蓮大聖人の御遺命』『一閻浮提の大本尊立つ』『正統天皇と日蓮』『世紀の敗訴』『世界の盟主「大日本皇統とは」人類一八〇万年史』『皇統の真実』『日蓮大聖人 法華経の真実』『もうひとりの天皇』他、経済論文・文化評論多数。

人類百八十万年の【大日本皇統史】

人類最古の生活史と血脈を伝える大日本国体天皇にして
南朝111代主が語る超深奥の歴史！

第一刷 2025年4月30日

著者 小野寺直

発行人 石井健資
発行所 株式会社ヒカルランド
〒162-0821 東京都新宿区津久戸町3-11 TH1ビル6F
電話 03-6265-0852 ファックス 03-6265-0853
http://www.hikaruland.co.jp info@hikaruland.co.jp
振替 00180-8-496587

本文・カバー・製本 中央精版印刷株式会社
DTP 株式会社キャップス
編集担当 高橋聖貴

ISBN978-4-86742-482-7

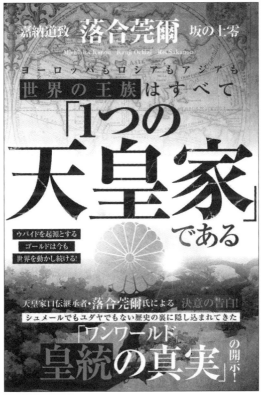

ヒカルランド　好評既刊！

地上の星☆ヒカルランド　銀河より届く愛と叡智の宅配便

だから日本人だったんだ！
【大嘗祭・天皇号・伊勢神宮】
この国永遠の疑問を解く
著者：畑アカラ
Ａ５ソフト　本体 8,080円+税

［新装版］古代天皇家「八」の暗号
1300年間、この国を護り続けた最強の言霊「や」の全て！
著者：畑アカラ
四六ソフト　本体 4,040円+税

もう一人の「明治天皇」箕作奎吾（みつくりけいご）
著者：水原紫織
四六ハード　本体 2,200円+税

天皇家秘伝の神術で見えた日本の未来
王仁三郎の予言「吉岡御啓示録」も収録！
著者：出口 恒
四六ハード　本体 1,815円+税

ヒカルランド　好評既刊!

地上の星☆ヒカルランド　銀河より届く愛と叡智の宅配便

徳仁《なるひと》《新天皇》陛下は、最後の天皇
悠仁親王殿下の践祚・即位は、国民の世襲義務
著者：中川八洋
四六ハード　本体 2,222円+税

天皇「退位」式は皇統断絶
徳仁《新天皇》陛下は、新王朝初代
著者：中川八洋
四六ハード　本体 2,000円+税

[新装完全版] 天皇は朝鮮から来た!?
著者：奇 埈成（キ ジュンソン）
解説：船瀬俊介
四六ソフト　本体2,000円+税

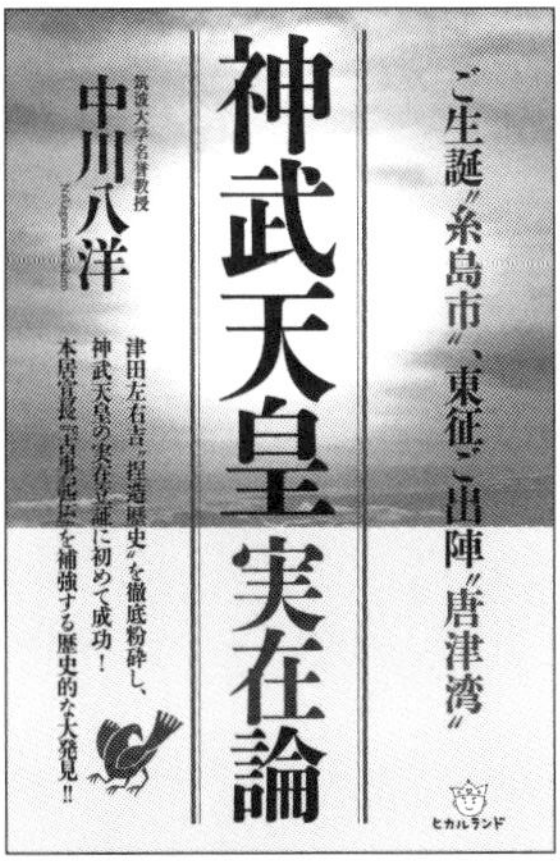

神武天皇実在論
著者：中川八洋
四六ソフト　本体2,200円+税